사람의
마음은
어떻게
움직이는가

심리학 수업

사람의 마음은 어떻게 움직이는가

심리학수업

Psychology Lessons

임낭연 지음

마음이라는 방대하고 흥미로운 우주를 탐구하는 심리학 이야기

차례

추천사   10
프롤로그 심리학의 눈으로 보면 삶이 달라진다   13

1강 심리학이란 무엇인가 | 사람이란 우주를 탐구하는 학문
심리학은 과학입니다   21
심리학에는 여러 분야가 있다   24

2강 나 정도면 평균보다 낫다고! | 평균 이상 효과
타인보다 우월하다는 믿음   28
평균 이상 효과에 빠지는 이유   31

3강 오늘의 운세가 잘 맞는 이유 | 바넘 효과
족집게 같은 심리 검사   36
엉터리 심리 검사가 그럴듯한 이유   38
바넘 효과가 알려주는 것   40

4강 알약이 먼저냐, 물이 먼저냐 | 허위 합의 효과
세상엔 나와 다른 사람이 많다   44
피드백의 중요성   45

5강 무의식중에 살아나는 기억 | 점화 효과
연결된 개념들이 활성화되는 현상   50
느리게 걷도록 만든 문장   51

	미디어가 우리에게 미치는 영향	52
	일상의 점화 효과 찾기	54

6강   MBTI에 열광하는 이유 | 최적 구별 이론
난 비슷하면서도 달라! 57
친밀함과 개성에 대한 욕구 59

7강   나와 내가 갈등할 때 | 인지부조화
모순과 불편감을 처리하는 인지부조화 64
사이비 종교에서 벗어나기 힘든 이유 66

8강   내가 선택한 것을 더 좋아하게 되는 마법 | 결정 후 부조화
일단 선택하면 더 좋아진다? 71
취소 불가능한 선택의 역설 75

9강   내 것은 네 것보다 소중해 | 단순 소유권 효과와 수여 효과
내 것은 소중하니까요 80
머그잔과 초콜릿의 가치 82

10강   타이레놀은 생각보다 많은 아픔을 치유한다 | 아세트아미노펜
총 맞은 것처럼 87
의사 결정에는 고통이 따른다 89

11강 행복을 예측할 수 있을까 | **초점주의**
    미래의 행복 예측하기   94
    하나에 집중하면 다른 것을 못 본다   96

12강 레스토랑에 턱없이 비싼 메뉴가 있는 이유 | **닻 내림 효과**
    간디는 몇 살까지 살았을까?   102
    고정된 생각에서 벗어나지 못하는 마음   104

13강 타인은 나에게 관심이 없다 | **조명 효과와 자기중심성**
    집중 조명을 받는 느낌   108
    자기중심성이라는 함정   110
    혼자만의 시선   111

14강 다른 사람이 나를 꿰뚫어 보는 듯할 때 | **투명성 착각**
    마음속을 들킨 기분   115
    남들은 내 마음을 잘 모른다   117
    발표 불안을 줄이는 법   118

15강 벼락치기가 실패하는 이유 | **흥분과 냉정 사이의 감정적 간극**
    계획하는 나와 실행하는 나의 차이   122
    벼락치기는 실패한다   125
    의사 결정을 잘하는 법   127

16강 내로남불은 왜 일어날까 | 기본 귀인 오류
모든 사람이 빠지는 함정   130
내게 관대하고 남에겐 엄격한 이유   132

17강 피해자를 비난하는 2차 가해 | 방어 귀인과 공정한 세상에 대한 믿음
피해를 자초했다고?   139
공정한 세상에 대한 믿음의 긍정적 효과   141
칼과 꽃   143

18강 거울아 거울아, 누가 제일 예쁘지? | 자기도취와 자기 매력에 대한 착각
실제보다 예쁘다는 착각   146
자신을 매력적으로 보는 경향   147
자신을 가치 있게 여기는 이유와 결과   149

19강 몸과 마음은 대화한다 | 위약 효과와 체화된 인지
마음이 몸에 미치는 영향   152
몸이 마음에 미치는 영향   156

20강 가까울수록 닮는 이유 | 거울 뉴런과 체화된 감정 지각
자신도 모르게 따라 하는 이유   161
표정을 모방하며 감정 추측하기   163

21강 더 많이 사랑하는 사람이 약자? | 사회적 힘과 파워 포즈
사회적 힘의 영향   168

힘과 자세의 관계	169
파워 포즈	171

22강 겨울에는 왜 더 외로워질까 | **외로움과 온도 지각**
    신체적 따뜻함과 사회적 따뜻함   175
    심리적 추위와 신체적 추위   178

23강 머리를 끄덕이면 생기는 자신감 | **자기 타당화 이론**
    내가 내게 고개를 끄덕일 때의 효과   182
    간단한 몸짓으로 자신감을 더하는 법   184

24강 연인의 행동이 불안하다면 | **성인 애착 이론**
    성인 애착   189
    안정 애착은 안정적으로 반응한다   191

25강 취향이 비슷한 사람과 사랑에 빠진다 | **나를 공유하기**
    통하였느냐?   195
    찌찌뽕과 호감   196

26강 이성이 많지만 연애는 안 되는 이유 | **온라인 데이팅과 거절 마인드셋**
    선택의 폭이 넓어서 생기는 문제   203
    거절하며 생기는 거절 마인드셋   205

27강 믿는 대로 이루어질지어다 | 성장형 마인드셋과 고정형 마인드셋
타고난다는 믿음과 발전한다는 믿음   209
성장형 마인드셋을 기르는 법   212

28강 새해 목표를 이루고 싶다면? | 목표 의도와 이행 의도
목표는 구체적으로 높게 잡자   218
이행 의도는 목표 달성을 위한 로드맵이다   221

29강 다이어트가 힘든 이유 | 자기 조절 에너지와 자아 고갈
자기 조절에도 에너지가 필요하다   228
자아 고갈의 결과   232
다이어트를 위한 팁   234

30강 두 얼굴의 한국인? | 정체성 일관성의 문화적 차이
정직함인가, 융통성 없음인가?   240
타인의 평가가 중요한 이유   241

31강 모두의 말이 옳소 | 분석적-종합적 사고 양식의 문화 차
모순을 대하는 태도와 맥락에 대한 고려   248
인과관계에 대한 생각   251
미래 예측   253

에필로그 현재의 삶이라는 여정에서 살아 숨 쉬는 지식이 되기를   256
참고문헌   260

추천사

심리학은 누구나 살면서 한 번쯤 생각해보는 내용들을 연구한다. 왜 도둑은 제 발이 저리다고 느낄까? 드넓은 세상에서 어떻게 두 사람이 하나의 짝이 될까? 하지만 이런 물음을 개운하게 해결하는 과학적 설명을 찾는 것은 쉽지 않다. 그래서 인터넷 검색 정도로 갈증을 해결하지만, 그 내용들은 더 큰 편견이나 오해를 만들기 쉽다.

    사람에 대한 과학적 갈증이 있는 독자에게 이 책을 꼭 추천하고 싶다. 지은이의 '중매' 솜씨가 빛난다. 일상에서 자주 등장하는 흥미로운 질문들과 각 질문에 꼭 맞는 관련 연구들을 매칭하여 설명해 준다. 질문은 가볍지만, 설명은 매우 과학적이다. 심리학이라는 매력적인 세계를 알차게 보여주는 '투어 버스' 같은 이 책은 인간에 대한 과학적 지능지수를 올려줄 것이다!

-서은국(연세대학교 심리학과 교수, 《행복의 기원》 지은이)

우리는 과거 어느 때보다 마음에 대한 관심이 높아진 시대에 살고 있다. 사람들은 자신의 마음을 이해하려 애쓰고, 다른 사람의 마음을 분석하고 예측하기도 한다. 덕분에 마음에 대한 학문인 심리학이 예전과 비교할 수 없을 정도로 큰 관심을 얻고 있다. 신간 목록을 검색하면 제목에 '마음'과 '심리학'이 들어간 책이 쏟아져 나오고 있다. 하지만 놀랍게도 이 책들 중 진짜 심리학자가 쓴 것을 찾기란 쉽지 않다. 마음 전문가라고 자처하는 사람은 많아졌지만, 실상 심리학을 제대로 공부하고 연구한 사람이 쓴 책은 흔치 않다. 아무런 과학적 근거도 없는 개인의 사변적 주장을 심리학이라는 포장에 담아서 우리를 유혹하기도 한다. 마음과 심리학이 유행하는 시대가 도래했지만 우리 마음이 더 혼란스러운 이유이기도 하다.

이 혼돈의 시절에 만난 책 《사람의 마음은 어떻게 움직이는가》는 우리에게 혼란의 세계에서 벗어나 진짜 심리학을 만날 기회를 선사한다. 31강으로 구성된 이 책은 하나하나의 글 모두가 심리학의 정수를 담고 있다. 과학을 추구하는 심리학은 가끔씩 머리를 아프게 할 정도로 복잡한데, 이 책은 놀라울 정도로 쉽고 흥미로운 언어로 우리를 심리학의 세계로 안내한다.

지은이 임낭연 교수는 '평균 이상 효과'를 설명하는 2강에서 "나도 평균적인 교수들에 비해 내 강의가 더 재미있고 유익하다고 여전히 착각하며 믿고 있다"라고 말하는데, 책을 읽어보면 착각이 아니라 사실임을 확인할 수 있다. 많은 분이 이 책을 통해 진짜 심리학의 세계가 주는 기쁨을 발견할 수 있기를 기대한다.

-전우영(충남대학교 심리학과 교수, 《당신의 마음에 영화를 처방해드립니다》 지은이)

요즘 나는(혹은 우리는?) SNS 세상에서 허우적거리기 일쑤다. 쇼츠를 보다가 밥때를 놓친 적도 있다(내가?). 자신을 들여다볼 시간과 여유가 없는 시대에 사는 나에게 이 책은 갈등 속에서 내가 내게 고개를 끄덕이면 발휘되는 효과를 톡톡히 알게 해준다. 그 효과는 나 정도면 평균보다 낫다고 생각하게 하고, 내 선택을 더 좋아하게 해주는 마법까지 부린다. 특히 이 책은 심리학은 무겁고 어렵다는 편견에서 구해주는 선물과도 같다. 각 장마다 실생활에서 흔히 접하는 주제와 예시를 통해 쉽고 재미있게 심리학의 세계로 안내하기 때문에 타인의 마음을 더 세심하게 들여다볼 수 있다. 더 나아가 이 책을 통해 나는 스스로에 관해 더 잘 알고 나를 더 사랑하게 되었다.

-심진화(개그우먼)

프롤로그

심리학의 눈으로 보면 삶이 달라진다

"심리학을 공부하면 훌륭한 사람이 된대요.
여러분은 심리학을 전공으로 선택했으니
열심히 해서 모두 훌륭한 사람이 됐으면 좋겠습니다."

대학생 때 존경하던 교수님께 들은 이야기 중 가장 기억에 남은 말이다. 처음 이 말을 들었을 때는 '심리학과 훌륭한 사람이 무슨 상관 있지?' 하며 의아해했다. 심리학 공부는 머리로 하는 것이고, 훌륭한 사람은 많은 측면에서 성숙해야 될 수 있다고 생각했기 때문이다. 오히려 나쁜 의도를 지닌 사람이 심리학을 공부하면 상대의 마음을 조종하고 가스라이팅●하는 악당이 될 수도 있지 않을까? 영화 〈양들의 침묵〉에 나오는 한니발 렉터 박사처럼 말이다. 하지만 지금은 교수님의 덕담에 담긴 의미를 이해한다.

● 대상의 마음속에 의혹의 씨앗을 심어 스스로의 기억이나 지각 등을 의심하도록 하고, 자신이 제정신이 아니라고 믿게 만드는 심리적 조작의 일종.

도움이 되는 사람

"열 길 물속은 알아도 한 길 사람 속은 모른다"라는 속담이 있다. 심리학을 공부할수록 한 길 사람 속에는 우주가 있음을 알게 된다. 나 자신의 한 길 속도 모두 파악하지 못했다. 심리학은 이처럼 열 길 물속보다 알기 어려운 인간의 심리를 탐구한다.

나는 매년 심리학을 전공하고 싶어 하는 학생들을 입학 면접에서 만난다. 그때마다 하는 질문 중 하나는 '어째서 심리학을 공부하고 싶은가요?'다. 이 질문에 정말 많은 학생이 '다른 사람들을 돕고 싶어서요'라고 대답한다. 맞다. 심리학을 공부하는 사람은 다른 무엇보다도 사람에 관심이 많다. 사람의 마음을 탐구하고 싶은 이유는 결국 사람의 행복과 안녕을 바라고 더 나은 삶을 살도록 돕고 싶은 마음에서 비롯한다.

실제로 거의 모든 심리학 연구는 꾸준히 사회를 바람직한 쪽으로 이끌어 가려는 방향성이 있다. 임상심리학이나 상담심리학은 심리적 어려움을 겪는 사람의 삶이 더 나아지도록 직접적으로 돕는 적용 분야다. 내가 전공한 사회심리학과 성격심리학은 현장에서 직접 사람들을 돕는 분야는 아니지만, 인간의 폭력성이나 비이성적인 모습이 드러나는 충격적인 사건이 발생할 때 그 이면의 심리를 파악하기 위해 연구하고, 비슷한 일을 예방하는 방법을 찾고자 노력해왔다. 범죄심리학은 범죄자의 심리를 파악하여 궁극적으로 범죄 없는 세상을 만들고자 한다. 긍정심리학은 인간의 행복과 번영을 탐구한다. 모든 심리학자는 인간을 따뜻한 시선으로 바라보든 냉소적 시선으로 바라보든 궁극적으로 인간의 삶이 더 나아지기를 바란다.

자신을 수용하기

훌륭한 사람이 되기 위해서는 많은 조건이 필요하다. 그중에서도 중요한 것은 자신을 있는 그대로 이해하고 수용하는 것이다. 나의 단점과 장점, 마음에 드는 면과 안 드는 면 모두를 정확히 알고 받아들이고 수용하는 과정은 더 나은 사람이 되는 과정이기도 하다.

심리학을 공부하고 연구하다 보면 나 자신의 마음을 깊이 탐구하게 된다. 결과적으로 심리학은 나를 포함한 '인간'에 대한 학문이다.

심리학 리서치research(연구)는 '미서치me-search'이기도 하다. 스스로를 돌이켜봐도 외롭던 시절에는 외로움을 연구했고, 아이 엄마가 된 지금은 육아와 행복의 관계를 연구하고 있다.

심리학자들 사이에서 흔히 하는 농담이 있다. '성격 이상한 사람이 성격심리학 연구하고, 사회성 없는 사람이 사회심리학 연구하며, 상담이 필요한 사람이 상담심리학자가 된다'라는 것이다. 이 농담에는 어느 정도 진실이 반영되어 있다. 심리학자가 특정 분야에 이끌리는 이유는 자신의 약점을 파악하고 내면을 탐구해서 정체성을 확립하고자 하는 인간의 기본적 욕구 때문인지도 모른다.

나는 심리학을 공부하는 긴 시간 동안 나 자신에 대한 이해를 더해가며 내 단점과 마음에 안 드는 면도 수용하게 되었다. 물론 그 이해와 수용이 완성되지는 않았다. 다만 나를 알아가고 자신과 화해하며 더 나아지는 여정을 계속하고 있다고 믿는다. 그렇게 지식과 이해를 더하면 더 나은 나로 나아가는 데 도움이 된다고 믿는다.

심리학이란 렌즈로 보는 세상

심리학자가 아니더라도 심리학 연구 결과들을 하나둘씩 접하다 보면 세상을 보는 시야가 더 맑아지는 것을 느낄 수 있다. 초점이 잘 맞는 안경을 낀 듯한 느낌, 작아서 보이지 않던 대상을 볼 수 있는 현미경을 얻은 느낌, 일종의 엑스레이나 자외선 안경 덕분에 새로운 시야를 얻은 느낌 등 말이다.

보이지 않던 사람들 사이의 관계와 역동을 이해하기 시작하고, 내 마음속의 얽히고설킨 감정의 실타래가 풀리기 시작한다. 마음대로 안 되어 답답한 자녀의 마음에 공감하고 이해하게 된다. 그렇게 나와 타인에 관해 알아감으로써 더 나은 가족, 친구, 이웃, 시민이 될 수 있다.

나는 심리학을 공부하며 더 훌륭한 사람이 되기 위해 노력하고 있지만 아마도 죽는 날까지 한 인간으로서 완성되지는 못 할 것이다. 그저 계속 발전해갈 뿐이다. 이 책을 읽는 독자도 더 나은 사람이 되기 위해 걷는 그 길을 함께 걸으면 좋겠다. 여러분이 이 책을 모두 읽었을 때 책의 두께만큼이라도 더 성장하고 훌륭해진 자신을 발견할 수 있다면, 그 과정에 내가 조금이라도 기여할 수 있다면 그 자체가 내게는 큰 기쁨일 것이다.

1강.

심리학
이란
무엇인가

사람이란 우주를 탐구하는 학문

'심리학'이란 말을 들으면 사람들은 어떤 생각을 하고 어떤 그림을 떠올릴까? 지금껏 만난 사람들에게 내가 심리학자임을 밝혔을 때의 반응 대부분은 "저 상담 좀 해주세요"였다.

이런 반응을 통해 추측건대 아직도 많은 사람이 심리학은 곧 상담이라고 생각하는 것 같다. 뿐만 아니라 대학에서 심리학을 전공하고 싶어 하는 고등학생 중 많은 이가 상담심리학에 관심을 지니고 심리상담사가 되고 싶어 한다. 이들 대부분은 중·고등학생 때 심리적 어려움을 겪고 학교의 상담 선생님에게 도움을 받은 경험이 있다. 혹은 상담으로 질풍노도 시기를 잘 넘긴 친구가 있다. 이런 경험을 통해 자신도 상담사가 되어 다른 사람들을 돕고 싶어졌다고 말한다.

상담심리학은 분명 심리학에서 크고 중요한 분야다. 하지만 심리학의 전부라고 할 수는 없다. 심리학은 범위가 매우 넓은 학문이기 때문이다. 심리학을 공부하지 않은 이들이 어째서 심리학과 상담을 거의 동일시하는지는 충분히 이해할 수 있다. 내 생각에 주요 원인은 상담이 미디어에 많이 노출되어 친숙하기 때문이다.

오랫동안 영화나 드라마, 소설 등에 등장하는 심리학자 대부분은 상담사였다. 심리적 어려움을 겪는 주인공이나 그 주변 인물의 내면 이야기를 들어주는 매우 통찰력 있는 캐릭터였다. 물론 이런 고정관념을 깨고 수다쟁이에 발랄하거나 때로 주책 맞은 상담 전문가가 등장하기도 하지만 말이다. 그러니 사람들 마음속에는 심리학과 상담이 단단히 연결되어 있을 수밖에.

재미있는 것은, 최근 범죄심리학자들이 미디어에 많이 노출되며 범죄심리학에 대한 관심도 높아지는 현상이다. 범죄 수사나 스릴러 장르의 영화와 드라마가 한국에서도 인기를 얻고, 시사 프로그램에서 범죄를 심리학적으로 분석하는 범죄심리학자들이 점점 많아지면서다. 이처럼 범죄심리학이 알려지는 트렌드와 함께 미래의 범죄심리학자를 꿈꾸는 학생들 또한 많아지고 있다.

그래서 요즘은 많은 사람이 '심리학' 하면 상담심리와 범죄심리를 집중적으로 떠올리는 듯하다. 예컨대 나도 물리학에 어떤 세부 분야와 전공, 연구 주제가 있는지 모르지만, 〈빅뱅 이론〉 같은 유명 시트콤을 통해 우주물리학이라는 분야가 있다는 정도는 막연히 알고 있는 것과 마찬가지다.

나는 무척 흥미롭지만 그리 잘 알려지지 않은 사회 및 성격심리학을 연구하고 있다. 그렇기에 사람들이 아직 잘 모르는 재미있고 신기한 심리학 이야기를 많이 해주고 싶다. 그것이 나 같은 심리학자들의 몫이라고 생각한다.

심리학은 과학입니다

앞서 상담심리학과 범죄심리학이 심리학의 전부인 것은 아니라고 했으니, 과연 심리학은 무엇이고 어떤 분야가 있는지를 언급할 차례다.

심리학의 학술적 정의는 '사람과 동물의 마음과 행동을 과학적으로 탐구하는 학문'이다. 이 정의에 포함된 '과학적'이라는 단어는 그저 멋있어 보이기 위한 말이 아니다. 심리학은 과학이다.

심리학이 연구하는 주제 대부분이 '사랑', '행복'처럼 추상적이고 객관적 실체가 없어 보이는 개념들이다 보니 심리학을 과학이라고 생각하기 어려울지도 모른다. 하지만 과학은 연구 대상이 무엇인지, 그 대상이 얼마나 '과학적으로 보이는지'로 결정되지 않는다. 중요한 것은 연구하는 방법이 과학적이냐 그렇지 않느냐다.

과학적인 방법과 탐구의 핵심은 바로 체계적인 관찰과 검증이며, 이런 면에서 심리학은 사회과학에 속한다. 심리학자들은 관심 있는 연구 주제를 체계적으로 관찰한다. '사랑이란 무엇인가?'를 연구하고자 한다면 사랑에 빠진 사람들의 행동을 객관적으로 관찰하고 호르몬을 측정하고 기분에 대해 인터뷰한다. 사랑에 관한 설문 조사를 할 때도 객관적이라고 볼 수 있을 만큼 많은 사람에게 무척 정교하게 개발한 질문을 하며 답을 얻는다. 이런 체계적인 관찰로 얻은 자료를 통계적으로 분석하여 답을 찾아간다.

심리학의 정체성에서 과학적 탐구라는 측면은 무척 중요하다. 과학적 탐구 방법이 심리학을 점성술이나 타로점, 또는 친구들끼리 해주는 상담이나 예전부터 전해져온 삶의 지혜, 종교 등과 다르게 만드는 핵심 차이점이기 때문이다. 점성술이나 종교 등이 심리학보다 못하거나 부족하다는 의미가 아니다. 다르다는 것이다.

심리학이 점성술이나 종교와 동일한 점은 사람들의 마음과 세상에 관심을 갖고 답을 찾기 위해 중요한 질문을 던진다는 것이다. 다만 그 질문에 답하는 방법은 크게 다르다. 종교는 과학적 검증이 아니라 믿음을 통해 좋은 삶이 무엇인지 답한다. 구전되는 삶의 지혜나 친구끼리 해주는 상담은 개개인의 삶의 이야기를 통해 답한다. 모두 값지고 소중하며, 기능과 역할을 지니고 있다. 다만 그 방법은 과학적 방법과는 다르다. 반면 심리학은 체계적인 관찰을 바탕으로 사람에 관한 질문의 답을 얻는 학문이다.

이처럼 과학적으로 연구하고, 그 결과를 학술 논문으로 발표하여 수많은 동료 학자가 반복적으로 검증하는 과정을 통해 심리학이 발전하고 있음에도 불구하고 많은 사람이 잘 받아들이지 못할 때도 있다. 사람들이 일반적으로 알고 있는 상식이나 바람과 다른 결과들이 제기될 때 특히 그렇다.

대표적인 예는 행복과 외향성의 관계다. 외향적일수록 행복하다는 것은 행복에 관한 심리학 연구에서 가장 확실하고도 강력하게, 반복적으로 검증된 결과다. 그럼에도 불구하고 외향적인 사람이 내향적인 사람보다 행복하다고 이야기하면 여지 없이 거센 반박에 부딪힌다. 가장 많은 반박은 '나는 내향적이지만 행복하다'라는 것이다. 내향적인 사람도 행복을 느낄 수 있다. 얼마든지. 사실 나도 외향적이기보다는 내향적인 면이 많다. 그리고 나도 행복을 누리며 살아간다. 다만 심리학자들은 수많은 사람을 체계적으로 관찰하고 연구한 결과 외향적인 사람이 평균적으로 '더' 행복하다는 결론을 얻었다.

많은 사람이 심리학 연구 결과 중 일부를 쉽사리 받아들이지 못하는 이유는 심리학이 다름아닌 '사람의 마음'을 탐구하는 학문이기 때문인 것 같다. 물리학은 사람들이 알기 어려운 우주 혹은 전자 현미경으로 들여다봐야 하는 세계를 탐구한다. 즉, 일반적으로 사람들이 생활 속에서 체험하기 힘든 분야에 대한 학문이다. 의학, 생물학, 화학 등 대부분의 자연과학이 그렇다.

그러나 심리학은 사람들이 매일 살아가며 경험하는 마음에 관한 분야다. 많은 사람이 자신은 자기 마음에 대한 전문가라고 생각한다. 그렇기에 심리학 연구 결과를 다른 과학적 연구 결과들과는 다르게 받아들일 때가 있다.

물론 심리학 연구 결과가 절대 불변의 진리인 것은 아니다. 과학은 틀린 결론에 도달할 수 있다는 가능성을 열어놓아야 한다. 그래서 심리학자들이 오랫동안 받아들여온 '학계의 정설'을 때론 새로운 연구 결과가 뒤집기도 한다. 다른 과학 분야도 마찬가지다. 이렇게 새로운 연구에 의해 기존 지식이 바뀔 여지가 있다는 것 자체가 과학의 중요한 속성이다.

때론 심리학자들의 연구 결과를 믿기 어렵다 할지라도 적어도 그 결과에 도달하기까지 체계적인 관찰과 많은 증거가 쌓였다는 점을 고려했으면 한다. 새로운 이론이 수정하거나 뒤집기 전까진 현재 이론이 가장 타당한 것임을 말이다.

심리학에는 여러 분야가 있다

심리학자들은 과학적 탐구로 사람에 관한 다양한 질문에 답해왔고, 지금도 그 여정을 계속하고 있다. 심리학이 매우 넓은 분야를 포괄하는 이유는 사람의 모든 생각, 행동, 느낌을 연구 주제로 삼기 때문이다. 심리학자들은 개인의 감각과 지각, 생각과 감정, 행동부터 누군가에게 매력을 느끼는 이끌림뿐 아니라 가족과 친구, 연인처럼 친밀한 사람들과의 관계에서 일어나는 일, 더 나아가 지역사회나 직장, 학교라는 공적이고 큰 집단에서 발생하는 역동, 심지어 국가나 문화권 같은 거대한 집합이 개인의 심리에 미치는 영향을 연구한다.

나와 타인이라는 개인이 왜, 어떻게 다른지, 사회는 사람들이 어떻게 상황에 따라 같거나 다르게 행동하도록 영향을 미치는지, 어떻게 사람이 창조되는 순간부터 죽는 순간까지 끝없이 발달하며 변화하거나 일정한 상태를 유지하는지, 우리는 무엇에 어떻게 주의를 기울이고 기억하고 판단하고 의사 결정을 내리는지 등에 대한 연구도 심리학에 포함된다.

심리적 이상이나 문제의 종류들, 치료하거나 개선하는 방법도 심리학에서 큰 비중을 차지한다. 인간의 심리는 어떤 진화 과정을 통해 형성되었고, 뇌세포와 유전자, 호르몬 등의 생물학적 측면이 심리에 어떤 영향을 미치는지도 중요한 연구 주제다.

범죄자의 마음과 범죄 행동의 배경, 인간의 경제활동에 영향을 미치는 심리적 작용, 마케팅이나 광고 분야에서 소비자를 효과적으로 설득하기 위해 이용할 수 있는 심리적 측면 등 심리학이 다루는 분야는 말 그대로 인간 심리의 우주 전체다. 그렇기에 심리학계에서 가장 크고 권위 있는 미국심리학회American Psychological Association, APA에 따르면 심리학에는 56개나 되는 하위 분야가 있고, 그 수는 계속 늘고 있다.

인간의 마음이라는 방대한 우주를 다루는 심리학자들은 자기 분야에 대해서만 자신 있게 이야기할 수 있다. 나 자신도 심리학자지만 상담의 '상' 자도 모른다고 우스갯소리를 하곤 한다. 이 말은 진실이기도 하다. 따라서 이 책에서 이야기하는 내용들은 심리학 전체가 아니라 사회심리학과 성격심리학 분야의 연구 결과가 많다. 다행히 이 분야에는 재미있는 연구 결과가 어마어마하게 많다. 이제 여러분과 함께 그 세계 속으로 즐거운 산책을 시작하고 싶다.

2강.

나
정도면
평균보다
낫다고!

평균 이상 효과

better-than-average effect

테스트 하나를 해보자. 다음 질문에 솔직하게 답해보자.

- 나는 평균적인 한국 사람과 비교할 때 착한 사람인가?
- 나는 평균적인 한국 사람과 비교할 때 좋은 아들(딸)인가?
- 나는 평균적인 한국 운전자와 비교할 때 운전을 잘하는가?
- 나는 평균적인 한국 사람과 비교할 때 지혜로운가?
- 나는 평균적인 한국 사람과 비교할 때 다른 사람들과 잘 어울릴 수 있는가?

이 질문을 접한 사람들 대부분은 '나 정도면 그럭저럭 평균적 한국인보다 괜찮은 편이다'라고 생각할 것이다. 어떻게 아느냐고? 심리학 연구 결과들이 그렇다고 알려준다. 대부분의 사람은 종교와 직업, 국적이나 나이를 떠나 자신이 평균적인 타인들보다 낫다고 믿는다.

많은 사람이 자신의 수행이나 특성이 평균보다 우월하다고 느끼는 이 현상을 평균 이상 효과$_{\text{better-than-average effect}}$라고 부른다. 평균 이상 효과는 무척 강력하고, 다양한 특성이나 분야에서 나타나기 때문에 주변 사람들을 테스트해보면 예상한 반응을 얻을 것이다.

이 효과가 흥미로운 이유는 역설을 보여주기 때문이다. 평균보다 뛰어난 사람이 있으려면 평균 수준과 평균 이하가 꽤 많아야 한다. 그러나 무척 많은 이가 자신은 평균보다 뛰어나다고 생각한다. 따라서 계산이 맞지 않는다. 어떤 측면을 측정하든 인구 절반 정도의 수행은 평균 이하일 테니 말이다.

타인보다 우월하다는 믿음

평균 이상 효과가 나타나는 영역과 주제는 광범위하다. 자신의 사교성, 성실함, 도덕성 등 다양한 특성이 남들보다 뛰어나다고 믿고, 운도 자기 편이라고 낙관한다. 그래서 심지어 복권 1등 당첨 같은 완전히 무작위적인 사건조차 타인보다는 자신에게 일어날 가능성이 더 높다고 여긴다. 여기에는 어떠한 근거도 없다. 그저 막연히 그렇게 믿는다. 또 자신은 대한민국 사람들의 평균수명보다 더 오래 살 거라고 생각한다.

평균 이상 효과는 다양한 사람들에게서 나타난다. 시어머니들은 '나 정도면 평균적인 대한민국 시어머니들에 비하면 훌륭하지'라고 믿고, 며느리들은 '나는 요즘 며느리들에 비하면 진짜 착하지'라고 믿는다. 사고 경력이 있는 운전자든 무사고 운전자든 관계 없이 '나는 평균적인 사람보다 운전 실력이 뛰어나다'라고 믿는다. 대학 교수들 대상의 설문 조사에서는 94퍼센트에 달하는 응답자가 자신의 가르치는 능력이 평균보다 뛰어나다고 했고, 심지어 그중 68퍼센트는 자신이 상위 25퍼센트 이내라고 답했다. 적어도 43퍼센트 이상이 잘못 알고 있었다. 실제 상위 25퍼센트 이내에 들지만 겸손하게 그렇지 않다고 대답한 교수들이 있다고 생각하면, 자신감이 과도한 교수가 더 많다는 의미이다. 사실 나도 뜨끔하다. 나도 다른 교수들보다 내 수업은 더 재미있고 유익하다고 생각하며, 학생들이 내 수업을 다른 수업보다 좋아할 것이라고 생각하기 때문이다. 심지어 강의를 잘하는 데 대한 자부심도 있다. 어쩌면 나도 자신감이 과도한 교수 무리에 들지도 모르겠다.

얼마 전 넷플릭스 드라마 〈오징어 게임〉이 전 세계적으로 돌풍을 일으켰다. 나는 이 드라마를 보며 이런 생각을 한 적이 있다. 456명의 참가자는 왜 게임에 참여했을까? 나도 물론 드라마에서 설명된 참가 배경은 안다. 경제적으로 궁핍하고 잃을 것이 없다고 생각한 사람들이 목숨을 걸고 큰 도박을 한다. 하지만 그들의 마음속을 자세히 들여다보면 '평균 이상 효과'를 찾을 수 있다. 목숨을 잃을 수도 있는 도박에 참여하는 것은 보통 일이 아니다. 아무리 잃을 것이 없다지만 목숨은 각 개인이 가진 어느 것보다 중요하기 때문이다.

즉, 게임에 참여한 사람들에게는 어차피 더 낮아질 곳이 없다는 절박한 상황이란 외적 요인이 존재했으나, 455명의 다른 사람들보다는 자신이 게임에서 이길 확률이 높다고 믿었기에 참여했을 것이다. 나머지 사람들도 자신의 우승 확률이 평균보다 높다고 생각하고 있는지는 모르는 채 말이다. 자신이 우승할 확률이 다른 사람들보다 낮다고 생각하면서 참여하기에는 너무 중요한 것인 목숨이 걸려 있기 때문이다.

오징어 게임 참가자는 막연히 자신이 이길 확률이 높다고 생각하기보다는 그 확률을 정확히 파악하는 것이 올바른 결정에 도움이 되었을 것이다. 그러나 목숨이 오가는 상황에서조차 그러지 못할 만큼 평균 이상 효과는 압도적이다. 심지어 사람들에게 '자신이 좋은 특성에서는 다른 사람들보다 훨씬 높은 점수를, 나쁜 특성에서는 훨씬 낮은 점수를 기록할 것이라는 믿음'인 평균 이상 효과에 관한 정보를 미리 설명해줘도 그 상황에서 벗어나지 못한다. 사실 평균 이상 효과에 관해 설명하는 지금 이 순간, 나도 평균적인 교수들에 비해 내 강의가 더 재미있고 유익하다고 여전히 착각하며 믿고 있다. 내 믿음은 착각이 아니라 사실이라고 말이다. 이렇게 인간의 심리는 단순하지 않다.

평균 이상 효과에 빠지는 이유

사람들이 평균 이상 효과에 사로잡히는 이유는 무엇일까? 스스로를 좋게 생각하고 싶어 하는 동기가 강력하기 때문이다. 평균보다 뛰어나다는 생각은 자신을 긍정적으로 평가하고자 하는 동기, 즉 자기 고양self-enhancement을 위한 노력 중 하나다.

한편으로는 현상을 정확하게 보고 싶어도 그러기 힘들기 때문일 수도 있다. 개인이 가장 많은 정보를 가지고 있는 대상은 자신이다. 그렇기에 '나는 평균적인 한국인보다 착한 사람인가?' 하고 물으면 그동안 겪은 수많은 일이 줄줄이 떠오른다. 착한 일을 한 경험, 스스로 '나 좀 착하네'라고 생각하며 우쭐했던 기억들이 내가 착한 사람이라는 가설을 뒷받침해주는 증거가 된다. 반면 평균적 한국인이 얼마나 착한지 생각하면 크게 떠오르는 것이 없다. 이 질문의 대상과 주인공은 자신이므로 평균적인 타인과 비교해서 두드러진 좋은 측면이 부각된다.

물론 평균 이상 효과가 모든 특성과 관련해서 나타나는 것은 아니다. 예를 들어 키처럼 객관적이고 정확하며 즉각 비교할 수 있는 특성에 관해서는 잘 나타나지 않는다. 눈으로 바로 확인할 수 있는 키가 작은데 혼자서 평균보다 크다고 믿는 사람은 다른 이들의 조롱을 받거나 판단력을 의심받을 수 있다. 평균 이상 효과는 객관적이고 구체적으로 평가할 수 있는 특성보다는 주관적, 추상적인 특성과 관련하여 크게 나타난다. 스스로에게 유리하게 해석할 여지가 큰 특성들 말이다.

또한 평균 이상 효과는 사람들이 중요하게 여기는 것일수록 더 강렬하다. 예를 들어 자신의 외향성이 평균적인 사람들보다 강하냐고 질문하면 평균 이상 효과가 나타나지 않는다. 외향적인 성격 특성은 사람들에게 그리 중요한 가치가 아니기 때문이다. 외향적인 성격과 내향적인 성격에는 각각의 장단점이 존재하므로. 반면 사회적으로 바람직하게 여겨지는 특성들을 지니는 것은 중요하다. 정직과 책임감, 친절함과 유능함 같은 특성들은 사회생활을 잘하는 데 중요하다. 따라서 많은 사람이 중요시하기에 이 특성들에서 평균 이상 효과가 크게 나타난다.

사람들이 중요하게 여기는 특성에 관한 평균 이상 효과가 강렬하다면, 문화적 특성에 따라 차이가 나타날 수 있다. 한국은 중국, 일본 등과 함께 대인관계, 집단의 조화, 관계 속에서 자신에게 주어진 역할 등을 중시하는 집합주의 문화권이다. 북미와 유럽 국가들처럼 독립된 개인으로서의 독특성, 개인의 자유와 책임을 중시하는 개인주의 문화권과는 차이가 있다. 그래서 동양인은 집합주의 문화에서 중요시하는 특성에 관한 평균 이상 효과를 크게 드러낸다. '평균적인 한국 사람보다 더 친화적이다', '평균적인 한국 사람보다 더 협조적이다' 등은 한국에서 좋은 사회 구성원으로 인정받기 위해 중요한 특성이다. 이런 특성이 있으면 평균적인 한국인보다 뛰어나다고 인정받을 때가 많다.

반면 개인주의 국가에서 중요한 특성들, 즉 얼마나 남들과 달리 독특한지, 얼마나 독립적인지 등에 관한 평균 이상 효과는 미국인들이 강하게 나타낸다.

자신을 평균보다 높게 평가하는 사람들 대부분이 아무 대책 없이 너무 낙관적이거나 오만한 듯하다면 이 점을 생각해볼 만하다. 평균 이상 효과를 잘 보이지 않는 사람들이 있다는 것이다. 바로 우울한 사람들이다. 이들은 자신이 평균적인 사람들보다 우월하다고 생각하지 않고, 비슷하다고 여긴다. 대부분의 사람을 반영하는 값이 '평균'이라는 점을 감안하면, 특정 영역에서 자신이 평균과 비슷하다고 여기는 것은 현실을 더 정확하게 파악한 결과이리라. 즉, 우울한 사람들은 자신을 더 정확하고 현실적으로 볼 줄 안다. 그럼에도 불구하고 자기를 객관적으로 바라보는 눈이 우울과 관련 있다는 사실은 시사하는 바가 크다. 어느 정도 비현실적으로 밝은 조명을 자신에게 비추면 정신 건강에 도움이 된다. 평균 이상 효과는 자존감이 높을수록, 삶을 더 만족스럽게 여길수록 더 커진다. 스스로를 정확하게 파악하는 것보다는 좀 과장되더라도 긍정적으로 바라보는 것이 정신 건강과 심리적 안녕에 도움이 된다.

3강.

오늘의
운세가
잘 맞는
이유

바넘 효과

Barnum effect

내가 처음 만난 당신에게 몇 가지 색깔을 보여주며 제일 마음에 드는 색을 고르면 당신의 성격을 알려주겠다는 제안을 했다고 가정해 보자. 당신이 색깔을 고르면 나는 이렇게 말할 것이다. "당신은 소중한 사람과 함께하는 시간을 즐기는군요. 하지만 자신만의 프라이버시를 중요시하고, 스스로를 정비할 수 있는 혼자만의 시간을 필요로 하는 성격이네요. 또 주어진 상황에 감사해하면서도 현실에 안주하지 않고 더 나은 미래를 꿈꾸는군요."

어떤가? 당신의 성격을 딱 맞힌 것 같지 않은가? 사실 당신이 무슨 색을 골랐는지는 중요하지 않다. 좋아하는 색으로 성격을 알 수는 없을뿐더러, 이 말은 모두 지어낸 것이니까. 그럼에도 이야기를 들은 상대방은 색깔 성격 테스트가 정확하다고 느낀다. 그 이유는 내가 설명한 속성들이 거의 모든 사람에게 해당되기 때문이다.

그러니 누구에게 말해도 고개를 끄덕거리기 마련이다.

이처럼 사람들이 모호하고 일반적이고 포괄적인 이야기를 듣고는 들어맞는 묘사라고 생각하는 것, 자기 성격을 정확히 파악했다고 믿는 것을 '바넘 효과Barnum effect'라고 한다. 이 말은 19세기 미국의 쇼맨, 사업가이자 서커스단 단장이었던 피니어스 바넘Phineas Taylor Barnum의 이름에서 유래했다. 그는 많은 사람이 서커스와 쇼를 보러 오도록 끌어들이는 재주가 뛰어났다. 그가 사람들 대부분에게 적용될 만한 일반적인 이야기를 던지면 사람들은 정확한 말이라고 받아들이며 감동을 받았다. 바넘은 그런 능력과 재주를 능수능란하게 구사하여 많은 이를 현혹했다.

족집게 같은 심리 검사

바넘 효과의 또 다른 이름은 '포러 효과Forer effect'다. 1949년 논문에서 이 현상을 언급한 심리학자 버트럼 포러Bertram R. Forer의 이름에서 따왔다. 포러는 심리학 개론 수업을 듣는 자신의 학생 39명을 대상으로 성격 테스트를 했다. 그는 학생들이 제출한 성격 검사지로 결과치를 계산하지 않고, 모두에게 내용이 같은 결과지를 나눠주었다. 학생의 이름 외에 모든 것이 동일한 내용 중 일부를 살펴보자.

○ 당신은 다른 사람들로부터 사랑받고 존중받고자 하는 욕구

가 많다.
- 당신은 아직 활용하지 않았지만 자신에게 유리한 능력을 많이 가지고 있다.
- 당신은 성격적 약점이 있긴 하지만 그것을 잘 보완하고 있다.
- 당신은 외면적으로는 스스로를 잘 통제하고 자제력이 강하지만 내면적으로는 불안하고 걱정하는 경향이 있다.
- 당신은 다른 사람에게 자신을 너무 솔직하게 드러내는 것은 현명하지 못하다고 생각한다.
- 당신은 충분한 증거가 없으면 다른 사람의 말을 곧이곧대로 받아들이지 않고 독립적으로 생각한다는 점에 자부심을 지니고 있다.

이 내용들은 대부분이 '내 모습이랑 비슷한 것 같다'고 받아들일 만큼 일반적이고 포괄적이다. 황당한 것은 포러가 문장들 대부분을 점성술 책에서 가져왔다는 것이다. 우리나라로 치면 신문에 실리는 오늘의 운세에서 따온 것이나 마찬가지였다. 그만큼 점성술이나 오늘의 운세 같은 것이 사람들을 일반적인 문장들로 현혹한다는 것을 알 수 있다.

포러는 성격 검사를 받은 학생들이 결과가 얼마나 정확하다고 느꼈는지를 점수로 표기하도록 했다. 학생들은 검사 결과가 자신의 성격을 무척 부정확하게 묘사했다면 0점, 완벽하게 묘사했으면 5점을 주었다. 점수의 평균은 4.256점이었다. 즉, 학생들은 검사 결과가 완벽에 가깝게 자신의 성격을 잘 드러낸다고 느꼈다.

포러가 이 실험을 한 이유는 사람들이 얼마나 쉽게 현혹될 수 있는지를 보여주기 위해서였다. 포러의 유머 감각이 특히 드러나는 부분이 있다. 성격 검사 결과지에 있는 "당신은 충분한 증거가 없으면 다른 사람의 말을 곧이곧대로 받아들이지 않고 독립적으로 생각한다는 점에 자부심을 지니고 있다"라는 문장이다. 자신이 독립적으로 사고한다는 자부심을 느끼며 고개를 끄덕인다는 것 자체가 막연하고 일반적인 묘사와 서술에 속았음을 의미하기 때문이다. 포러의 속임수를 알게 된 학생들도 이 문장을 보며 더 재미있어했을 것 같다. 얼마나 역설적인 장면인가.

엉터리 심리 검사가 그럴듯한 이유

일반적으로 사람은 두 눈, 두 귀, 코 하나와 입 하나를 가지고 있다. 따라서 점쟁이가 자기 눈을 가리고는 "당신은 눈과 귀는 각각 두 개, 코와 입은 하나씩 있네요"라고 말하면 당신은 족집게라며 감동하긴커녕 점쟁이가 농담한다고 생각할 것이다. 그런 것은 예지력이 없어도 알 수 있는 일반 특성이기 때문이다. 심리적 특성도 마찬가지다. 포러가 실험에 사용한 문장들, 점성술이나 운세 등에서 흔히 사용되는 문장들은 나와 다른 사람을 구별해주는 특성이 아니라 대부분에게 공통적으로 적용되는 특성들이다. 하지만 외모에 대한 묘사와는 달리 심리적 속성에 대한 설명을 듣는 사람은 "당신은 눈, 코, 입이 있네요" 같은 수준의 말임을 눈치채지 못하고 자신에게 딱 맞고 정확한 묘사라고 느낀다.

많은 사람이 그저 재미 삼아 본다고 하면서도 오늘의 운세에 관심을 두는 이유는 어떤 정보를 제공해줄지도 모른다는 기대감이 있기 때문일 것이다. 하지만 포러의 실험처럼 오늘의 운세는 '당신은 코와 입으로 숨을 쉽니다' 같은 내용의 심리적 버전일 뿐이다.

그럼에도 불구하고 사람들이 포괄적인 설명에 쉽게 속는 이유는 다음과 같다. 먼저 사람은 자신에 대한 긍정적인 정보를 사실이라고 믿고 싶어 하기 때문이다. 포러가 학생들에게 제시한 '성격 검사 결과지'의 문장들은 분위기가 대부분 긍정적이다. 자신을 긍정적으로 바라보고 싶어 하는 인간의 뿌리 깊은 욕구가 여기서도 발동한다. 오늘의 운세나 점성술 등에도 긍정적인 내용의 비율이 높다. 사람들은 그 내용을 믿고 싶기 때문에 믿는다.

그다음 이유는 내용이 모호하기 때문이다. "당신은 몇 월 며칠 몇 시에 대한민국 부산시 ○○구 어느 장소에서 어떤 사람을 만나 어떤 좋은 사건을 경험할 것입니다"처럼 명확하게 표현하는 점쟁이는 거의 없다. (있으면 나에게 알려달라.) 대체로 "올해 안에 좋은 만남이 있겠다"처럼 매우 모호하고도 해석의 여지가 크게 표현한다. 말 그대로 귀에 걸면 귀걸이, 코에 걸면 코걸이가 되기 때문에 개인은 모호한 내용을 삶의 내용으로 채워 넣으며 주관적 타당성을 부여한다.

또한 사람들은 어떤 정보가 권위자나 전문가에게서 나왔다고 생각하면 엄격하게 검증하기보다 쉽게 받아들이는 경향이 있다. 포러의 학생들은 심리학자이자 스승이 제공한 검사 결과이므로 의심하지 않고 받아들였을 것이다.

하지만 전문가도 틀릴 때가 있고, 전문가가 아닌 사람들이 전문가 행세를 하기도 한다. 정보를 제공한 사람이 권위자인지 여부에 의존하기보다는 스스로 그 정보가 옳은지, 모호하고 포괄적인 내용은 아닌지 등을 검증하고 받아들일 필요가 있다. 생각하지 않으면 쉽게 속아 넘어간다.

바넘 효과가 알려주는 것

'그래, 알았어. 성격 검사만 조심하면 되겠지? 엉터리면서 족집게로 행세하는지 주의하면 그만이지, 뭐'라고 생각했다면 바넘 효과의 적용 범위를 충분히 고려하지 않은 것이다. 소셜 미디어나 인터넷에서 볼 수 있는 건강 보조 식품이나 건강 기능 식품 광고에는 이런 문구가 자주 등장한다. "매일 밤 피곤하신 분, 컴퓨터 앞에 오래 앉아 있거나 장시간 운전으로 허리 통증이 있는 분, 운동이 부족한 분" 등등. 이런 사람에게 꼭 필요한 식품이라는 주장을 접하면 관련 증상이 있는 사람의 신체를 맞춤형으로 건강하게 해줄 것 같은 착각이 든다. 그러나 이런 광고는 전형적인 바넘 효과를 유발한다. 밤엔 원래 피곤하다. 그래서 사람들은 밤에 잔다. 밤에 피곤하지 않은 사람은 낮과 밤이 바뀐 사람들뿐일 것이다. 현대사회에는 오래 앉아 있지 않는 사람이 더 적다. 대부분의 학생과 직장인은 거의 종일 책상 앞에 앉아 있으며, 운전을 오래 하는 직업도 장시간 앉아 있어야 한다. 따라서 현대사회에서는 대부분이 운동 부족에 시달린다. 즉, 특정 고객에게 어필하는 척하고 있으나 사실은 모든 사람이 "이거 난데?"라고 말할 만한 내용들이다. 그래서 어쩌면 그저 듣고 스쳐 지나갔을 많은 사람이 '이거 나한테 효과가 좋을 것 같은데? 한번 먹어볼까?'라고 생각하게 된다.

요즘은 사이비 종교계에서 포교 수단 중 하나로 성격 검사를 해주고 상담도 한다고 한다. 일반적인 이야기로 사람을 현혹하여 사이비 종교에 빠지게 할 위험이 도사리고 있는 것이다.

알면 예방할 수 있다. 바넘 효과를 주위에서 흔히 볼 수 있다는 점을 깨달으면 알아서 조심할 수 있다. 나 자신을 발견하고 싶고, 스스로에 대해 통찰하고 싶어 하는 것은 모든 사람이 지니고 있는 욕구다. 그렇기에 사람들은 바넘 효과에 더 취약하다. 하지만 자신에 대한 정보를 접할 때 '이건 모두에게 해당하는 말 아냐?'라는 간단한 질문 하나만 제기해도 우리는 보다 독립적인 사고자, '충분한 증거가 없으면 다른 사람의 말을 곧이곧대로 받아들이지 않는 사람'이 될 수 있다.

4강.

알약이
먼저냐,
물이
먼저냐

허위 합의 효과

false consensus effect

나는 어려서부터 알약을 먹을 때 물을 입에 머금은 후에 고개를 젖히고 약을 입에 넣었다. 우리 가족 모두 그렇게 했기 때문에 이 순서가 당연했다. 그런데 어느 날 남편이 알약부터 입 안에 털어 넣고 컵에 물을 받는 것을 보니 신기했다. 내가 "알약을 왜 그렇게 먹어? 물부터 먹어야지"라고 말하자, 남편은 어리둥절해하며 "나처럼 먹는 사람이 훨씬 많을걸?"이라고 했다. 오히려 나처럼 약 먹는 사람은 처음 봤다고 했다.

    우리는 결국 그룹 채팅방에 질문을 던졌다. "여러분, 알약 먹을 때 입에 물부터 넣나요, 약부터 넣나요?" 답변 결과를 보니 양쪽이 비등비등했다. 물론 많지 않은 사람의 답변이므로 이 결과가 대한민국 전체를 대표한다고 할 수는 없지만 한 가지는 분명했다. 생각보다 나와 비슷한 사람이 적다는 것이다.

세상엔 나와 다른 사람이 많다

이처럼 다른 사람들이 나와 비슷한 정도를 과대평가하는 인지적 착각을 허위 합의 효과false consensus effect라 한다. 쉽게 말해, 나와 다른 사람들은 생각만큼 비슷하지 않다는 것이다.

미국 심리학자 조아킴 크루거Joachim Krueger와 러셀 클레멘트Russell W. Clement는 허위 합의 효과에 관한 실험을 했다. 이들은 실험 참가자들에게 성격 테스트를 해준다며 40개의 성격 측정 문장을 보여주었다. 예를 들면 "나는 범죄에 관한 기사를 읽는 것을 좋아한다", "나는 일기를 쓰곤 했다", "나는 러브스토리를 즐겨 읽는다" 등이었다. 참가자들은 각각의 문장에 동의하면 '예', 동의하지 않으면 '아니요'라고 응답했다. 이후 연구자들은 참가자들이 방금 응답한 40개의 문항을 다시 한번 보여주고, 일반적으로 얼마나 많은 사람이 문장들에 동의할 것 같은지를 0~100퍼센트의 숫자로 답해달라고 했다. 예컨대 "나는 일기를 쓰곤 했다"라는 문장에 대해 어떤 사람이 이렇게 생각한다. '일기는 초등학생 때나 숙제 때문에 억지로 쓰는 거 아닌가? 자발적으로 쓰는 사람은 드물 거야. 글쎄, 10명 중 하나 정도 있으려나? 그것도 많지. 1백 명 중 하나 정도일 거야.' 그렇게 생각하면 1퍼센트라고 응답하면 되었다.

연구 결과에 따르면 참가자들은 자신이 동의하는 문장에 대해서는 일반적으로 더 많은 사람이 동의할 것이라고 믿었다. 반대로 동의하지 않는 문장에 대해서는 적은 사람들이 동의할 것이라 생각했다. 즉, 일기를 쓰곤 했던 사람은 실제보다 더 많은 사람이 일기를 쓸 거라 생각했다. 반대로 일기를 쓰지 않던 사람들은 세상에는 일기 쓰는 사람이 별로 없다고 믿었다.

왜 이런 현상이 일어날까? 사람들은 어떤 일에 대해 판단할 때 자신을 기준으로 삼는다. 다른 사람의 속마음은 보이지 않지만 자신의 속마음은 속속들이 알기 때문이다. 얼마나 많은 사람이 알약 먹을 때 물부터 마시는지 추측해볼 때 내 머릿속에서는 이런 일이 일어난다. 사람들이 알약을 어떤 순서로 삼키는지 추측하려면 근거 자료가 필요하다. 이때 먼저 물부터 입 안에 머금는 내 어린 시절 모습이 떠오른다. 그리고 오늘 아침 비타민제를 먹을 때도 물부터 입에 넣는 내 모습도 보인다. 이렇게 물→알약 순서로 먹는 모습이 수천 번 중첩되어 생생하게 떠오른다. 행위 주체가 모두 나 자신이라는 점은 중요하지 않다. 이제 다른 순서로 알약 먹는 사람의 모습은 상상이 되지 않는다. 이렇게 떠오른 자신의 태도와 습관, 취향이 판단의 기준점이 되고, 대부분의 다른 사람들이 나와 같거나 비슷할 것이라고 추측한다.

피드백의 중요성

그런데 나와 다른 사람이 의외로 많다는 것이 그렇게 중요할까? 입에 알약부터 넣든 물부터 넣든 개인의 취향일 뿐이다. 하지만 좀 더 중요한 문제에서도 허위 합의 효과가 일어나 대인관계에 문제가 생기는 것을 심심치 않게 접하게 된다. 상대방의 정치적 성향이 당연히 자신과 같으리라고 짐작하고 정치적 견해를 쏟아내는 사람이라든가, 다른 사람들도 자기 개를 무서워하지 않고 예뻐할 것이라고 믿으며 개가 남에게 달려들어도 통제하지 않는 견주 등. 이들도 남이 자신과 비슷할 것이라고 지레짐작하는 허위 합의 효과로 설명할 수 있다. 타인을 불편하거나 불쾌하게 또는 두렵게 만들 수 있고 더 나아가 큰 갈등을 일으킬 수도 있는 행동들이다.

허위 합의 효과는 도처에 널려 있고, 누구나 저지를 수 있는 인지적 편향이기 때문에 탓하거나 나무라기도 힘들다. 설령 자신이 피해자라 하더라도, 다른 상황에서는 남의 취향이나 성향이 당연히 자신과 비슷하다고 넘겨짚었을 수 있기 때문이다.

그럼 어떻게 하면 이 편향을 줄일 수 있을까? 앞서 설명한 심리학 실험에서 연구진은 먼저 참가자들에게 허위 합의 효과에 관해 설명해주었다. '다른 사람들이 자기와 비슷하다고 착각할 수 있으므로, 이런 편향에 빠지지 말고 최대한 정확하게 사람들의 의견을 추측해보라'라고 알렸다. 그러나 사전 경고는 다른 사람들의 태도를 정확히 예측하는 데 아무 도움이 되지 않았다. 허위 합의 효과라는 것이 존재한다는 사실을 염두에 둔 사람들도 여전히 남들이 자신과 비슷하다고 착각했다.

그런데 같은 실험에서 실제로 허위 합의 편향을 줄이는 방법이 발견됐다. 바로 피드백이었다. 실험 참가자들이 다른 사람들의 동의 정도를 예측할 때 연구진은 사람들의 실제 동의 정도가 예측과 얼마나 다른지를 그때그때 피드백하며 알려주었다. 그러자 전체적으로 예측의 정확성이 향상되었다. 즉, 다른 사람들이 생각만큼 자신과 비슷하진 않다는 사실을 반복적으로 피드백받으면 점차 남들이 나와 다르다는 것을 체득하며 허위 합의 효과가 줄어들었다. 나와 남편이 알약과 물 중 무엇을 먼저 입에 넣는지에 대해 간단한 설문 조사를 한 일이 내게 깨우침을 주었듯이 말이다.

세상엔 나와 다른 사람이 많다는 것을 이해하고, 인정하자. 나의 태도나 의견, 가치관은 당연한 것이 아니며, 옆 사람은 나와 다를 수 있다. 그러니 속으로 넘겨짚기보다는 대화하며 물어보자.

5강.

무의식
중에
살아나는
기억

점화 효과

priming effect

어느 날 딸과 함께 사인펜으로 그림을 그릴 때의 일이다. 아이는 그림이 마음에 안 들었는지 지우고 싶다고 했지만 사인펜은 지우개로 지울 수 없다는 사실을 알게 되자 울먹거렸다. 나는 "엄마가 지워줄게!"라고 말하고는 화이트(수정 테이프)로 그림을 지웠다.

얼마 후 나는 자신도 모르게 어떤 노래의 멜로디를 흥얼거리는 내 모습을 발견했다. '이게 무슨 노래지?' 저절로 흥얼거리고 있었지만 오래된 노래여서 제목을 떠올리는 데 시간이 걸렸다. 알고 보니 제목은 그룹 W.H.I.T.E.가 부른 '화이트'였다. 어렸을 때 좋아했지만 근 10년 이내에 불러본 적이 없는 노래였다. 무슨 일이 일어난 걸까? 오랜만에 꺼내 사용한 수정 테이프의 다른 이름 '화이트'를 생각하니 '화이트'라는 단어가 두 번 중복된 'W.H.I.T.E.의 화이트'가 무의식중에 떠올랐기 때문이다.

연결된 개념들이 활성화되는 현상

이처럼 특정한 생각이나 감정이 활성화하여 더 쉽게 생각나고 그에 따라 행동하게 되는 현상을 '점화priming'라고 한다. 어떤 개념이나 감정이 즉각 활성화하려면 기억 속에 그것들이 연결 또는 연합되어 있어야 한다. 내 경험에 적용해보면 '화이트'라는 단어에 수정테이프라는 개념과 W.H.I.T.E.와 노래 제목 화이트 모두가 연결되어 있었다. 그렇기에 연결 고리에 달린 개념 중 하나가 활성화하자 다른 개념들도 함께 활성화했다. 이 점화 과정은 무의식중에 자동적으로 일어난다.

의식하지 못하는 사이에 일어나는 특성 때문에 점화는 심리학 실험에서 자주 쓰인다. 실험 참가자가 알지 못하는 사이에 특정한 심리 상태를 만들어낼 수 있기 때문이다.

예를 들어 행복을 연구하는 심리학자가 행복한 사람이 더 이타적으로 행동하는지를 알아보려면 점화 효과를 어떻게 이용하면 될까? 참가자들의 절반은 기분이 좋게, 나머지 절반은 기분이 나쁘게 만들고 이타적으로 행동할 기회를 조성하여 행동을 관찰할 수도 있다.

이때 참가자의 기분을 조작하기 위해 점화를 사용할 수 있다. 참가자에게 지난 한 달 동안 가장 행복했던 사건을 떠올리고 그때의 상황과 기분을 자세히 묘사해달라고 한다. 기억을 떠올리고 자세히 묘사하는 참가자는 당시의 행복감이 점화되면서 행복한 상태가 된다. 반대로 지난 한 달 동안 가장 화났던 기억을 떠올려 자세히 적으라고 하면 분노라는 부정적 감정 상태가 점화될 것이다.

느리게 걷도록 만든 문장

점화의 놀라운 효과를 뉴욕대학교의 한 복도에서 찾아보자. 실험 참가를 마친 한 사람이 실험실에서 나와 복도를 따라 엘리베이터를 향해 걸어가고 있다. 참가자가 엘리베이터 앞에 도착하기까지 걸리는 시간을 누군가가 몰래 측정하고 있다. 얼마나 빠르게 혹은 천천히 걷는지 알아보려는 것이다. 무슨 영문일까?

이 실험에 참가한 사람들은 먼저 '뒤섞인 문장 테스트scrambled sentence test'를 했다. 다섯 개의 뒤섞인 단어 중 네 개를 사용해 하나의 온전한 문장을 만드는 테스트다. 만약 '이것을', '그는', '숨겼다', '먹었다', '즉시'라는 다섯 단어가 있다면 '그는 즉시 이것을 숨겼다' 혹은 '그는 이것을 즉시 먹었다' 등의 문장을 만들 수 있다. 이를 통해 연구진은 노인과 관련된 참가자들의 고정관념을 점화했다. 참가자들은 의식하거나 눈치채지 못했지만, 단어에는 '은퇴', '주름', '오래된', '뜨개질', '고집 센', '늙은', '홀로' 등이 있었다. 노인의 특성이라는 일반적 고정관념과 연관된 단어들이었다. 단어들로 30개의 문장을 만든 참가자들은 모르는 사이에 노인과 관련된 개념들이 점화되었다. 즉, '노인'이란 단어를 보진 않았지만 관련 단어들이 활성화하면서 이 모든 것과 연결된 노인의 특성들이 무의식중에 함께 활성화했다.

문장 테스트를 마치고 실험이 끝난 줄 알았던 참가자들은 실험실을 나서서 엘리베이터로 걸어갔다. 연구진이 걷는 속도를 측정해 보니 놀랍게도 노인에 관한 단어들로 문장 만들기 테스트를 한 사람들은 중립적 단어로만 문장을 만든 사람들에 비해 더 느리게 걸었다. 노인 관련 개념이 점화된 사람들은 노인처럼 행동했다. 점화가 생각뿐 아니라 행동에까지 영향을 준다는 것을 보여준 연구였다.

미디어가 우리에게 미치는 영향

점화가 음식을 먹는 행동에도 영향을 줄 수 있을까? 이번엔 아이들을 대상으로 실시한 실험을 살펴보자. 아이들에게 14분짜리 텔레비전 만화영화를 틀어주고, 보는 동안 먹으라고 과자와 물을 준다. 만화영화 중간에는 광고가 두 번 나온다. 아이들 중 절반은 음식 관련 광고를 봤고, 나머지 아이들은 음식과 상관없는 게임, 장난감 등에 대한 광고를 봤다. 연구진은 아이들이 만화를 다 본 뒤 그릇에 남아 있는 과자의 무게를 측정해서 얼마나 먹었는지를 확인했다. 음식 광고를 본 아이들은 과자를 45퍼센트나 더 먹었다.

텔레비전과 인터넷 등의 자극적인 광고들에 하루 종일 노출되어 살아가는 우리는 자신도 모르는 사이에 수많은 것에 점화되고 있다. 보고 듣는 수많은 콘텐츠가 마음과 생각, 행동을 이리저리 흔들 수 있다는 점은 생각해볼 문제다.

나는 범죄심리학을 강의한 학기에 자료를 조사하기 위해 유튜브에서 사건, 사고에 관한 영상들을 집중적으로 찾아본 적이 있다. 그러다 보니 유튜브 알고리즘은 미제 사건, 사고, 추악한 법정 다툼 같은 것들만 계속 추천했다. 그렇게 한동안 어두운 콘텐츠들만 보고 있으니 내 삶이 피폐해지는 것이 느껴졌다. 영상들을 볼 때뿐만 아니라 다른 일을 할 때도 기본적으로 마음이 어두워졌다. 예민하고 날카로워지고 스트레스도 심했다. 부정적인 사건들만 보여주는 영상들의 점화 효과 때문이라고 생각한 나는 모든 사건, 사고 영상을 차단했다. 그러자 생활이 정상으로 돌아왔다.

점화 효과를 알면 일상을 더 나은 방향으로 움직이는 쪽으로 활용할 수 있다. 행복한 사람에게는 긍정적인 결과가 많이 따른다. 간단하게 기분을 점화시키면 긍정적 정서를 만들 수 있다. 심리학자들이 기분 점화를 위해 자주 사용하는 방법은 경쾌하고 즐거운 음악을 듣거나 재미있는 영상을 보는 것이다. 미소 짓는 얼굴 표정을 만들어보는 것도 좋다. 사람은 즐거울 때 웃기 때문에 미소 짓는 표정과 행복은 강하게 연결되어 있다. 그래서 미소를 지으면 좋은 감정 상태가 점화된다. 이것이 웃어서 행복해지는 원리다.

일상의 점화 효과 찾기

일상에서 점화의 영향을 찾아보는 것도 재미있는 놀이다. 우리 동네에는 쌍둥이네라는 맛집이 있다. 그곳에 부모님과 같이 간 적이 있는데 부모님도 맛있게 드셨는지 다음에 또 가자고 하셨다. 그런데 아버지는 그 식당 이름을 '이모네'라고 잘못 부르셨다. 나는 아버지가 왜 이름을 헷갈렸을까 궁금해하다가 혹시 이모님과 쌍둥이가 관련 있는지 물었다. 잠시 생각하던 아버지는 이모의 딸이 쌍둥이였다고 하셨다. 요즘은 이모님을 생각할 일이 없어서 의식적으로 바로 떠올리지 못했지만 무의식에서는 식당 이름을 통해 어릴 때 쌍둥이와 놀던 이모네가 활성화한 것이다.

이처럼 무의식중에 일어나는 점화 효과를 찾아내는 것은 짜릿하고 재미있다. 자신이 무심코 한 언행에 별 이유가 없어 보인다면 점화 효과 때문일지도 모른다. 그럴 때는 숨은 그림 찾기 하듯이 원인을 생각해보면 어떨까?

6강.

MBTI에
열광하는
이유

최적 구별 이론

optimal distinctiveness theory

마이어스-브릭스 유형 검사Myers-Briggs Type Indicator, MBTI 유행이 시작된 지 몇 년이 흘렀지만 인기가 사그라지지 않는 듯하다. MZ 세대를 포함한 다양한 연령층에서 열풍을 넘어 광풍이라고 할 만한 인기를 누린다. 많은 사람이 MBTI 관련 콘텐츠를 소비하고, 새로운 테스트와 정보도 소셜 미디어에 공유한다. 심지어 각 유형을 부르는 귀여운 애칭도 있다. ENFP는 '엔프피', ISTJ는 '잇티제'처럼 말이다.

    MBTI는 성격을 16개 유형으로 나누어 네 쌍의 알파벳 조합으로 표현하는 성격 유형 검사다. 네 개의 차원에 각각 두 개의 유형이 있다. 외향적인지 내향적인지를 의미하는 E와 I, 직관적으로 생각하는지 감각적 정보를 바탕으로 생각하는지를 의미하는 N과 S, 생각과 감정 중 무엇이 두드러지는지를 뜻하는 T와 F, 계획성과 관련된 J와 P다. 이 알파벳들이 표현하는 유형의 조합이 각자의 MBTI

가 된다.

먼저 확실히 짚고 넘어가야 할 것이 있다. 성격심리학자의 관점에서 MBTI는 성격을 유형으로 나누는 검사이므로 성격을 연구하기에 적절한 도구가 아니다. 왜냐하면 성격은 연속적 선상에서 차이를 지니므로, 성격이 16개 유형 중 하나에 속한다는 생각 자체가 부정확하기 때문이다. 성격을 심리학적으로 연구할 때는 성격 구조를 MBTI보다 잘 반영하고 철저하게 검증하여 더 정확히 측정할 수 있는 다른 도구를 활용한다. 즉, MBTI는 심리학자들이 쓰는 성격 검사지가 아니다.

여기서 MBTI가 부정확한 이유, 혹은 더 좋은 성격 측정 도구에 관해 이야기하려는 것은 아니다. 심리학적, 과학적으로 이상적인 성격 측정 도구로 받아들여지지 않고 여러 문제점이 있음에도 불구하고 수많은 사람이 좋아하고 관심을 갖는 이유에 관해 이야기하려고 한다.

난 비슷하면서도 달라!

많은 사람이 MBTI를 좋아하는 데는 다양한 원인이 있다. 그중 하나는 이것이 다른 사람과 의사소통하는 도구라는 것이다. 특히 MZ 세대는 MBTI로 자신의 성격에 대한 정보를 얻는 데 그치지 않고 서로의 유형을 묻고 공유하며, 재미있는 관련 콘텐츠로 끊임없이 소통한다. MBTI가 일종의 놀이 소재가 된 것이다. 어찌 보면 사람들은 자기 성격을 파악하기보다는 다른 사람들과 소통하기 위해 사회적 연결의 도구로 더 많이 활용한다.

우리 연구실 대학원생과 내가 연구한 결과에 따르면 MBTI는 좋은 상호작용 도구로 활용되고 있다. 자기 성격 파악 혹은 재미를 위해 관심 갖는 사람들보다는 타인을 파악하고 사회적 유행에 동참하고 원활하게 대화하기 위해 검사한다고 응답한 사람들이 MBTI를 더 신뢰하고 많이 이용했다. 심지어 사람들과의 상호작용을 즐기고 좋아하는 경향인 외향성이 높은 사람들은 사회적 목적으로 MBTI를 사용할수록 행복 수준도 높았다. 이들은 다른 사람들과 잘 소통할 수 있는 좋은 도구를 얻은 셈이다.

이런 측면에서 보면 MZ 세대가 MBTI에 열광하는 것은 새로운 사회적 현상이 아니다. 전국적으로 유행하는 드라마를 봐야 다음 날 사람들과 말이 통하기 때문에, 대화에서 소외되지 않기 위해 열심히 텔레비전을 챙겨 보던 이전 세대의 모습과 같은 차원의 행동이다. 뼛속까지 타인과 연결되기 원하는 사회적 동물인 인간이 사회적 욕구를 충족하기 위해 보이는 다양한 행동 중 하나다. 이런 경향이, 소셜 미디어 챌린지의 유행에 동참하고 공유하는 것이 일상인 MZ 세대의 방식으로 나타났다고 볼 수 있다.

친밀함과 개성에 대한 욕구

한편 사람들은 MBTI를 통해 특정 집단과 자신의 공통점에 집중하는 동시에 다른 집단 사람들과의 차이점에도 주목한다. 즉, MBTI로 누군가와 비슷하면서도 또 다른 누군가와는 다른 독특한 존재가 될 수 있다.

모든 사람은 소속감과 유사성을 느끼는 동시에 자기만의 독특한 면이 있는 존재가 되고 싶다는 상반되는 욕구가 있다. 또한 두 가지 욕구 사이에서 최적의 균형을 이루고 싶어 한다. 유유상종이란 말도 있듯이 사람들은 공통점을 바탕으로 사회집단을 형성한다. 같은 학교 출신이라는 공통점으로 모인 동문회부터 같은 희귀병을 앓는 사람들끼리 모인 환우회까지 사람들을 모이게 하는 유사성의 수준은 다양하다. 어떠한 사회집단에도 소속되지 못하면 고통스러울 뿐만 아니라 실질적으로 살아가는 데 무척 불리하다. 그렇기에 인간은 근본적이고도 본능적으로 사람들 사이에 소속되고자 한다. 하지만 반대로 다른 사람들과 똑같아져서 나라는 개인의 정체성이 사라지는 것 또한 원치 않는다. 최적으로 소속되어 있으면서도 구별되는 자신의 모습을 찾고 싶어 한다.

이런 현상을 가장 잘 설명해주는 것이 '최적 구별 이론optimal distinctiveness theory'이다. 사람은 친밀함과 감정적 연결을 느낄 수 있는 집단에 소속되고 남들과 비슷해지고 싶으면서도 남들과 다르고 싶은 상반되는 두 욕구가 있다. 이때 해당 집단은 그 사이의 균형을 찾아주는 도구 역할을 한다.

예를 들어보자. 나는 자전거 타는 취미가 있는데, 얼마 전 독특한 접이식 자전거를 구입했다. 디자인과 색상이 개성 있고 매력적이어서 멀리서 봐도 브랜드를 알 수 있다. 자전거 좋아하는 사람들은 온라인 자전거 카페에 가입해서 관련 정보를 공유하거나 함께 자전거를 타기도 한다. 나도 해당 브랜드의 온라인 카페에 가입했다. 같은 브랜드의 자전거를 좋아하고 사용한다는 공통점 덕분에 회원들은 쉽게 유대감과 소속감을 느낀다. 다른 사람과 구별되고 싶은 욕구도 충족할 수 있다. 이렇게 사람들은 적절한 사회적 모임이나 집단에 소속됨으로써 구별과 소속이라는 상반되는 욕구를 동시에 충족하는 최적의 지점을 찾는다.

이제 MBTI는 최적으로 구별되고 싶은 사람들의 욕구에 들어맞는 도구가 된 것 같다. 예컨대 자신의 독특하거나 때로는 괴짜 같은 모습이 'INFJ'인 사람들의 비슷한 특징이란 걸 알게 되면 인정받는 느낌, 소속감과 안정감을 느낄 수 있을 것이다. '그래, 내가 이상한 게 아니야. 나 같은 사람이 이렇게나 많다고…' 생각하면서 말이다. MBTI는 여기에 그치지 않고 남들과 구별되고 싶은 욕구 또한 충족해준다. 나머지 15개 유형의 사람들과는 다른 독특함을 통해 개성을 드러낼 수 있게 해준다.

MBTI는 이처럼 최적의 구별과 소속이란 두 욕구에 알맞은 도구지만 나는 이것을 좋아하지는 않는다. 성격심리학자로서 MBTI가 바람직한 성격 측정 도구가 아니라고 보기 때문이기도 하고, 다른 사람이 내 MBTI 유형을 통해 16개 중 하나의 카테고리에 나를 욱여넣으려 하는 듯하기 때문이기도 하다. 모든 사람은 어떤 MBTI 타입으로 축소되든 간에 자기에게 부여된 설명과는 다른 고유한 특성이 있다. 그 특성은 다른 사람들과 비슷한 듯하면서도 다른 자신을 자신답게 만들어준다.

내 MBTI 유형에 대한 질문을 좋아하지 않는 또 다른 이유는 '나'라는 사람에 대한 해답지를 먼저 슬쩍 들춰보려 하는 듯하기 때문이다. 대부분의 사람들은 학창 시절 문제집이나 학습지를 풀면서 해답을 먼저 살펴본 경험이 있을 것이다. 먼저 문제를 읽고 풀기 위해 고민하며 공부하지 않고 지름길을 택하는 것이다. 해답을 보고 나면 문제를 스스로 풀 수 있는 능력을 키우기 어렵다. 상대가 어떤 사람인지 알고 싶다면 시간을 함께 보내며 대화하고 점차 친밀해지는 과정을 거치는 것이 좋다.

가수 이무진의 '측정 거부'라는 노래의 가사가 떠오른다. "MBTI, 난 이거 측정 거부할래요. 감성적이기도 하다가 단도직입적이니까요. MBTI, 난 이거 측정 거부할래요. 온전히 나로 살 거니까."

7강.

나와
내가
갈등할
때

인지부조화

cognitive dissonance

코로나19 팬데믹으로 인해 사회적 거리 두기가 시행되던 때의 일이다. 마트에서 물건을 고르고는 아무도 줄 서 있지 않은 계산대를 발견하여 그쪽에 섰다. 그런데 매장 직원이 오더니 "여기 한 줄 서기 해주세요. 누가 먼저 오셨어요?"라고 말했다. 나는 "제가 먼저 왔어요"라고 답했다. 그런데 뒤에서 "쳇" 하고 어이없다는 듯한 콧방귀 소리가 들렸다. 뒤돌아본 나는 "저보다 먼저 오셨어요?"라고 물었다. 그러자 그 사람은 매우 기분 나쁜 표정으로 날 쳐다보며 그렇다고 말했다. 그 사람은 거리 두기 때문에 멀찍감치 서 있었고, 나는 기다리는 사람이 없는 줄 알고 그 앞에 서 있었다. 당황한 나는 앞으로 가라고 말하며 뒤로 물러섰다. 의도치 않게 새치기할 뻔한 것이다.

 결과적으로 내가 새치기한 것은 아니지만, 기분이 찜찜하고 언짢았다. '나를 새치기나 하는 사람 취급하다니! 난 그런 사람이 아닌

데…. 내가 실수했을 가능성은 전혀 고려하지 않은 거야? 실수를 알아차릴 기회조차 주지 않고, 양심 없는 사람으로 간주하다니!' 날 오해한 그 사람이 야속하고 미웠다.

이런 생각을 머릿속에서 무한 반복하는 동안 얼굴이 후끈후끈 뜨거워졌다. 새치기할 뻔했지만 결과적으로 하지는 않은 이 상황이 대체 뭐길래 나는 그리도 심리적으로 불편했을까? 그 이유는 바로 '인지부조화 cognitive dissonance' 때문이었다.

모순과 불편감을 처리하는 인지부조화

인지부조화는 1957년 사회심리학의 거장 레온 페스팅거 Leon Festinger 박사가 《인지부조화 이론》을 출간한 이래 사회심리학 분야에서 가장 많이 연구되고 가장 영향력 있는 이론 중 하나가 되었다. 요즘은 일상적 대화나 방송의 시사 교양 프로그램 등에서도 종종 쓰이는 것을 보면 이 개념이 많이 알려진 듯하다. 그러나 정확한 심리학적 의미는 모르고 대략적으로 짐작하면서 사용하는 경우가 많을 것이다.

인지부조화란 두 가지 이상의 관련된 인지가 내적으로 충돌할 때 경험하는 심리적 불편감을 말한다. 관련된 인지는 연관 있는 생각을 모두 포함한다. 앞에서 이야기한 나의 경험에 대입해보자.

당시 내 안에서는 나에 대한 전반적인 긍정적 태도인 '나는 괜찮은 사람이다'라는 인지와 '나는 새치기하는 사람을 매우 싫어한다'라는 새치기에 대한 부정적 태도라는 인지, 그리고 '나는 방금 새치기를 할 뻔했다'라는 인지가 충돌했다. 이처럼 관련 있는 여러 인지가 부조화를 일으키면 심리적 불편감이 발생한다. 이 불편감은 쉽게 떨쳐버릴 수 있는 단순한 부정적 감정이 아니다. 인지부조화가 발생했을 때 느끼는 불편감은 실질적인 통증이다. 그렇다. 통증 pain이다.

인지부조화가 발생하면 통증에 민감하게 반응하는 뇌 부위 중 하나인 전대상피질 anterior cingulate cortex이 활성화된다. 즉, 뇌는 자기에 대한 인상(예를 들면 '나는 괜찮은 사람이다')과 모순되는 행동(예를 들면 새치기)을 함으로써 발생하는 심리적 불편함인 인지부조화를 넘어져서 무릎이 까졌을 때나 과도에 손가락을 베었을 때, 또는 다리에 쥐가 났을 때와 비슷하게 고통스러워한다.

손을 다쳤을 때 통증을 없애기 위해 꼭 쥐거나 약을 바르고 치료하는 것처럼, 우리는 인지부조화 때문에 생기는 불편감에서 최대한 빨리 벗어나려고 한다. 그래서 무의식중에 인지부조화를 없애기 위한 시도를 한다. 생각이나 태도 또는 행동을 바꿔서 여러 인지가 더 이상 충돌하지 않도록 하는 것이다. 내가 새치기 사건 후 약 40분 동안 그 생각만 할 수밖에 없었던 것도 내 마음이 인지부조화를 없애기 위한 시도를 했기 때문이다. 결국 '그래, 나도 어쩔 수 없는 사람이고, 사람은 누구나 실수할 수 있어. 내가 실수했네'라는 생각에 도달하고서야 마음이 편안해졌다. '나도 사람이라 실수할 수 있다'라는 인지가 더해짐으로 인해 '나는 괜찮은 사람이다'라는 인지와 충돌하던 '새치기'라는 인지가 더 이상 부조화를 이루지 않았다.

　　인지부조화가 일어난 사람의 마음속에서는 무의식중에 부조화를 조화로 바꾸기 위한 시도가 일어난다. 이때 사람의 태도나 가치관, 행동 등이 바뀌기도 한다. 물론 당사자는 모르는 상태로 말이다. 나도 자신이 인지부조화를 경험했다는 것은 그날 밤 침대에 누워서 그 격렬한 마음속 소리 없는 전쟁을 되새겨보다가 비로소 알게 되었지, 인지부조화 감소 작업이 일어나는 동안은 눈치채지 못했다. 심리학자인데도 말이다.

　　수없이 발생하는 인지부조화 대부분은 우리가 모르는 사이에 마음속에서 처리되어 사라진다. 앞의 예처럼 강하고 불쾌한 각성을 느낄 수도 있지만, 부조화가 일어난 인지의 중요성이나 부조화의 강도 등에 따라 정도는 클 수도 작을 수도 있다. 불편감이 작고 사소한 인지부조화들은 수시로 마음속에서 처리된다. 마치 몸의 면역체계가 사소한 바이러스나 세균 등을 없애주는 것처럼 말이다.

사이비 종교에서 벗어나기 힘든 이유

인지부조화는 행동 변화에 엄청난 동기를 부여한다. 우리는 고통스러운 부소화 상태에서 어떻게는 벗어나고 싶어 하기 때문이다. 그래서 사람들은 충돌하는 인지들 중 가장 변화하기 힘든 것을 기준으로 나머지 인지들을 맞춘다. 맞추는 것은 행동일 수도, 태도일 수도, 생각일 수도 있다. 이처럼 인지부조화라는 불편한 각성 상태에서 벗어나려 하는 과정에서 행동이나 태도의 변화에 대한 강력한 동기가 부여된다. 이 때문에 표면적으로 보면 말도 안 되는 상황이 발생하기도 한다.

예를 들면 사이비 종교에 빠진 사람들이 거기서 벗어나기 힘든 이유도 인지부조화 이론으로 잘 설명할 수 있다. 1992년 대한민국에서는 '휴거'라는 지구 종말이 온다고 믿는 사이비 종교 신자들이 화제가 되었다. 사회를 뒤집어놓을 정도의 큰 사건이었기에 나도 당시를 잊지 않는다. 휴거를 믿은 신자들은 재산, 직업, 학업 등 이 세상에서의 삶을 모두 정리하고 교회에서 휴거를 맞이할 준비를 하며 지냈다. 그런데 휴거가 일어날 것이라고 '예언'되었던 1992년 10월 28일이 되기 전에 해당 사이비 종교 집단을 이끈 사이비 목사가 사기죄로 구속되었다. 그가 휴거가 일어날 것이라고 선포한 날짜에서 7개월이 지나 만기가 되는 채권이 그의 집에서 발견되었기 때문이다. 목사는 10월 28일에 지구 종말이 오지 않을 것을 알고 있었으며, 신자들을 속여 그들의 재산을 가로채려 했다. 이러한 사기가 발각되었음에도 신자들은 여전히 휴거를 믿었다. 결국 휴거가 일어나리라 지목된 10월 28일 자정에 지구는 종말을 맞지 않았다.

자신들이 따르던 목사가 지구 종말을 핑계로 재산을 갈취하는 사기를 벌인 사실이 밝혀졌음에도 신자들은 왜 사이비 종교에서 벗어나지 못했을까? 이들에게서 인지부조화가 발생했기 때문이다. 휴거에 대한 믿음과 충돌하는 정보(목사의 사기)에 노출되며 인지부조화가 발생했을 때 믿음을 바꾸는 방식으로 인지부조화가 감소되지 않으면 다른 방식으로 감소시켜야 한다. 신도들은 이미 휴거가 진실이라는 믿음을 버리기에는 되돌릴 수 없는 행동들을 한 상태였다. 재산을 모두 처분해 교회에 헌납했고 직장에 사표를 냈다. 자신들의 믿음이 틀렸다고 생각하기에는 이미 너무 많은 삶을 쏟아부었기에 믿음을 바꾸기가 너무 고통스럽고 힘들어졌다. 따라서 믿음을 바꾸는 대신 다른 인지를 바꾸었다. 목사가 사기 행각을 벌였다는 정보를 받아들이기를 거부하고, 서로를 격려하고 믿음을 견고히 했다. 오히려 더 열심히 휴거에 대한 믿음을 전파했다. 이처럼 사이비 종교의 예언이 틀렸다고 밝혀져도 신자들이 믿음을 견고히 유지하는 일은 역사적으로 한국뿐 아니라 세계 곳곳에서 찾아볼 수 있다. 인지부조화를 해소하기 위한 마음속 작업이 부정적으로 발현된 예다.

그러나 인지부조화로 인해 행동 변화가 바람직한 방향으로 강력하게 일어날 수도 있다. 애연가인 기독교 신자가 교회에 가는 길에 담배를 사다가 한 손에는 성경을 다른 손에는 담배를 든 자기 모습을 거울에서 보고는 강한 모순을 느끼고 담배를 끊은 것이 좋은 예다. 인지부조화 상태에서 느끼는 부정적 각성에서 빨리 벗어나고자 하는 동기가 담배를 피우고자 하는 욕구보다 강했기 때문이리라.

인지부조화 자체는 나쁜 것도 좋은 것도 아닌 심리적 현상일 뿐이다. 인지부조화에 대해 잘 알면 바람직한 방향으로 이용하는 데 도움이 된다. 다음 장에서는 인지부조화가 일어나는 독특한 상황에 대해 이야기하겠다.

8강.

내가
선택한
것을 더
좋아하게
되는 마법

결정 후 부조화

post decision dissonance

누구든 물건을 살 때 마음에 드는 것들 중 무엇을 골라야 할지 몰라서 고민에 빠질 때가 있다. 어떤 사람은 동전을 던지거나 "어느 것을 고를까요. 알아맞혀보세요~" 하며 선택을 우연에 맡기기도 한다. 이렇게 물건을 선택하고 나중에 '다른 것을 살걸, 잘못 골랐다'라며 후회하는 경우는 드물다. 그 이유는 언제나 가장 좋은 선택을 해서일까? 사실은 모르는 사이에 마음이 인지부조화 해소라는 마법을 부리기 때문이다.

일단 선택하면 더 좋아진다?

사람은 무언가를 결정하는 순간 인지부조화에 빠진다. 선택이 어려울수록 그럴 가능성은 높아진다. 선택만 했는데 인지부조화에 빠진다는 말은 무슨 뜻일까?

　　1950년대 미국 미네소타대학교에서 심리학 수업을 듣는 여학생들을 대상으로 심리학 실험이 실시되었다. 제품을 평가하는 마케팅 연구 실험인 줄 알고 있던 학생들에게 연구자는 참여에 대한 보상으로 여러분이 평가한 물건들 중 하나를 주겠다고 했다. 커피메이커, 전기 샌드위치 그릴, 토스터 등 1950년대에는 나름대로 가치 있는 물건들이었다. 실험 참가자들은 먼저 주어진 물건들이 얼마나 마음에 드는지를 평가했다. 이후 연구자는 물건들 중 두 개를 뽑아 제시하고는, 하나를 선택해서 가질 수 있다고 말했다.

　　사실 참가자들에게 제시된 두 개의 물건은 무작위로 선정된 것이 아니었다. 참가자들이 물건을 평가한 기록을 확인한 연구자가 서로 다른 두 가지 기준으로 선택한 것이었다. 첫 번째는 참가자가 좋게 평가하고 선호도가 엇비슷하게 높은 두 물건을 제시하는 경우였다. 이때 참가자는 두 물건 모두를 마음에 들어하기 때문에 하나를 선택하기가 상대적으로 어려워진다. 두 번째는 참가자가 좋게 평가한 물건 하나와 중간 정도로 평가한 물건 하나를 제시했다. 이때는 선택하기가 쉽다. 두 물건에 대한 평가가 다르므로, 좋게 평가한 물건을 고르면 된다.

　　연구자는 물건을 선택한 참가자들에게 모든 물건을 다시 평가하도록 했다. 좋은 물건 두 개 중 하나를 골라야 하는 어려운 결정을 한 참가자들은 선택한 물건의 평가 점수를 높이고 선택하지 않은 물건의 평가 점수는 낮추었다. 반면 쉬운 선택을 한 사람들은 첫 번째 평가와 두 번째 평가 간에 별반 차이가 없었다. 무슨 일이 일어난 걸까? 어려운 결정을 한 사람들에게서 인지부조화가 발생한 것이다. 선택한 물건의 단점과 선택하지 않은 물건의 장점이 이들의 결정에 대한 부조화를 일으켰다. 좋은 물건에도 단점은 있기 마련이므로.

예를 들어 토스터와 커피메이커 중 후자를 선택한 사람의 마음은 이런 식이다. '토스터가 낡아서 어차피 새로 사려고 했는데, 저 토스터를 고르면 따로 돈을 안 써도 되었을 텐데(선택하지 않은 물건의 장점). 커피메이커 성능이 좋아서 고르긴 했지만 디자인이 예쁘지가 않아. 주방에 놓으면 다른 물건들이랑 안 어울릴 거야(선택한 물건의 단점).' 이처럼 커피메이커를 선택했다는 자신의 결정과 부조화를 일으키는 인지가 발생한다. 결정 이후 그로 인해 생기는 이 인지부조화를 '결정 후 부조화post decision dissonance'라고 한다.

결정이 어려울수록 인지부조화의 강도는 당연히 커진다. 쉬운 결정은 단점이 많은 제품 대신 장점이 많은 제품을 선택하는 결정이었을 것이므로. 반면 어려운 결정에서는 단점과 장점이 비슷했기 때문에, 이후 자신이 고른 물건의 단점도 많이 떠오르고, 고르지 않은 것의 장점도 많이 떠오른다.

따라서 어려운 선택을 한 사람은 인지부조화로 인한 심리적 불편감도 더 커지며, 이 부조화를 해소하기 위한 무의식적인 동기도 더 강해진다.

결정 후 부조화를 해소하기 위해서 사람들은 선택한 대상의 단점이나 선택하지 않은 대상의 장점을 마음에서 지운다. 둘 다 할 수도 있다. '커피메이커 디자인이 뭐가 중요해, 커피 맛이 더 중요하지. 그리고 집에 있는 토스터가 낡긴 했어도 아직 멀쩡하잖아. 고장 날 때까지 그냥 쓰면 돼.' 이런 생각들로 부조화를 일으키던 인지들을 없애버리면 된다. 그러니 선택하지 않은 물건의 매력도는 하락하고, 선택한 물건의 매력도는 상승한다.

일련의 과정을 보면 인지부조화 해소는 일종의 '정신 승리'라 할 수 있다. 그 과정은 무의식중에 이루어진다. 자신이 선택하지 않은 대상의 장점을 마음에서 지우는 것을 스스로 눈치채지 못한다. 무의식 중의 정신 승리는 내가 선택한 것을 더 좋아하게 되는 마법 주문이다.

결정 후 부조화는 아이들의 장난감 고르기부터 스마트폰이나 노트북 선택, 더 나아가 인생을 좌우할 만한 중요한 선택인 진학 결정, 배우자 결정 등에까지 광범위하게 일어난다. 심지어 아이들뿐 아니라 카푸친 원숭이를 포함한 다양한 동물을 대상으로 한 실험에서도 나타날 만큼 근본적인 심리 현상이다.

이러한 결정 후 부조화의 정도에 영향을 미치는 요소는 무엇일까. 그중 하나는 선택의 중요성이다. 결정의 중요도가 커질수록 잘못된 결정이 미칠 악영향도 더 지대해지고, 따라서 선택하지 않은 옵션의 장점에 더 큰 여운이 남는다. 그렇기에 결정 후 부조화의 강도는 중요한 선택일수록 강해질 수밖에 없다. 그러면 인지부조화 해소 과정에서 이루어지는, 선택한 것에 대한 선호도 상승과 선택하지 않은 대상에 대한 선호도 하락 또한 더 큰 폭으로 나타난다. 즉, 정신 승리가 더 강해진다.

취소 불가능한 선택의 역설

결정 후 부조화의 강도에 영향을 미치는 또 다른 요인은 결정을 취소할 수 있는 가능성이다. 소중한 사람에게 선물을 한 경험을 떠올려보자. 선물을 고를 때 현재 상대방이 원하는 물건의 세부 사항까지 정확하게 알고 준비하는 경우는 드물 것이다. 대체로 우리는 그 사람의 취향이나 필요 등을 떠올리며 '이 선물을 받으면 좋아하겠지?' 생각하고는 아이템을 고른다. 설렘과 소망을 담아서.

그렇기에 선물 고르는 것은 사실 까다로운 일이다. 근본적으로 다른 사람의 입장을 취해보는 것은 어려운 일이기 때문이다. 이처럼 상대가 무엇을 좋아할지 알기 어려워서 나온 해결책이 교환권이다. 받은 사람이 선물을 마음에 들어 할지 알 수 없으니, 마음에 안 들면 다른 제품으로 교환할 수 있도록 해주는 확인증이다. 그런데 여기에 반전이 있다. 교환권이 오히려 선물에 대한 애정을 감소시키는 요인이 될 수 있기 때문이다.

선택을 취소할 가능성이 없을 때 사람의 마음속에서는 결정 후 부조화가 더욱 강하게 일어난다. 이제 내 것이 된 이상 바꿀 수 없으며 끝까지 함께해야 한다면? 바꿀 수 없는 선택에 대해서는 더더욱 좋아해야 할 이유가 많아진다. 그렇기에 우리 마음은 선택한 것을 더 좋아하고, 선택하지 않은 것은 덜 좋아하게 된다.

하버드대학교에서 필름 카메라 촬영에 관한 교양수업을 들은 학생들을 대상으로 실험을 했다. 연구진은 종강 후 수강생들이 찍은 사진 중 두 장을 골라 현상해주었다. 그리고 두 장 중 한 장은 학생이 가지고, 다른 한 장은 수업 결과를 보고해야 하니 연구자가 가져가야 한다고 안내했다. 학생들은 가장 마음에 들어서 현상까지 한 두 장의 사진 중 하나를 최종 선택해야 했다. 여기에는 두 가지 실험 조건이 있었다. 연구진은 한 조건에 할당된 학생들에게는 사진을 교환할 기간을 주었다. 혹시 마음이 바뀌면 언제까지 교환할 수 있으니 사진을 가져오라고 했다. 다른 조건에 할당된 학생들에게는 지금 사진을 선택하면 나머지 한 장은 교환이 불가능하다고 했다. 일정 기간이 지나자 연구진은 학생들에게 연락해서 받아 간 사진이 얼마나 마음에 드는지 물어봤다. 결과는 어땠을까?

여기서 잠깐, 실험 결과를 이야기하기 전에, 당신이라면 어떤 옵션을 선호했을 것 같은가? 사진을 일단 선택하면 바꿀 수 없는 조건이 좋은가, 아니면 나중에 바꿀 수 있는 조건이 좋은가? 대부분의 사람들은 바꿀 수 있는 옵션을 좋아한다. 나중에 다른 사진이 더 좋을 것 같으면 바꿀 수 있기를 원한다. 그런데 실험 결과는 반대였다. 사진 교환이 불가능하다는 말을 들었던 학생들이 자기가 가져간 사진에 훨씬 더 만족스러워했다.

왜 그랬을까? 교환 가능한 조건의 학생들은 결정 후 부조화가 쉽게 해소된다. 선택한 것이 마음에 안 들면 언제든 바꿀 수 있다는 인지가 인지부조화를 없애주는 것이다. 굳이 선택한 대상의 단점을 없애가며 만족도를 높일 필요가 없다. 사진을 교환할 수 있다고 생각한 학생들의 머릿속에서는 사진을 받은 순간부터 이런 일이 일어난다. '잘 선택했나? 아까 그 사진은 빛 표현이 너무 잘돼서 좋았는데… 이 사진은 친구들 웃는 모습이 찍혀서 선택하긴 했지만 기법 자체는 그 사진이 더 좋았단 말야. 괜히 이걸 골랐나? 바꿀 수 있다니 지금이라도 바꿀까? 조금만 더 생각해보지, 뭐.' 자신이 선택한 것과 선택하지 않은 것의 장단점을 비교하며 과연 선택이 적절했는지를 저울질한다. 선택한 대상에 대한 애정이 자라날 기회가 없다.

반면 번복 불가능한 선택을 한 학생들의 마음속에서는 일반적인 결정 후 부조화가 일어나며, 선택한 사진의 단점은 사라지고 선택하지 않은 사진의 장점은 녹아버린다. 선택한 사진을 좋아하게 되는 마법이 작용한다.

결혼할 때 '내 인생에 이혼이란 없다. 난 이 사람이랑 끝까지 갈 거야'라는 가치관을 가지고 신혼을 시작하는 사람과 '만남이 있으면 헤어짐도 있는 법. 연인과도 헤어지듯 결혼한 사람과도 잘 안 맞으면 이혼할 수 있는 거지'라는 가치관으로 문을 여는 사람은 결정 후 부조화의 크기가 다를 것이다. 물론 이혼이 꼭 필요한 상황이 있기 마련이고, 어려운 선택을 한 이혼 가정의 선택도 존중해야 한다. 그러나 결혼할 때부터 이혼에 대한 가능성을 열어두고 시작하면 결혼생활의 행복도와 배우자에 대한 만족도 자체에 영향을 줄 가능성이 있다는 점은 알아둘 필요가 있다.

9강.

내 것은
네 것보다
소중해

단순 소유권 효과와 수여 효과

mere ownership effect & endowment effect

최근 중고 거래 앱을 이용하는 사람이 많아졌다. 나 역시 중고 거래를 자주 하는데, 종종 재미있는 모습을 목격한다. 물건을 너무 비싼 가격에 내놓은 사람들, 그리고 그 물건이 마음에 들지만 가격이 비싸서 저렴해질 때까지 기다리는 사람들이다.

얼마 전 소음 흡수용 매트를 구입하기 위해 중고 거래 앱을 열었더니 마침 원하는 물건이 있었다. 그런데 가격이 너무 높게 책정돼 있어서 일단 가격이 내려가길 기다렸다. 예상대로 가격은 1만 원씩, 5천 원씩 낮아졌다. 하지만 처음 제시된 가격의 절반 수준으로 떨어져도 매트는 팔리지 않았다. 나도 3만 원 정도는 더 싸져야 살 만하다고 생각했다. 그만큼 매트를 판매하려던 사람은 여러 사람이 객관적으로 판단하는 것보다 과하게 높은 가치를 부여했다. 결국 나는 그 물건의 가격이 더 낮아지기를 기다리는 것을 포기하고 다른 제품을 찾았다.

    이 이야기를 하는 이유는 중고 물품 가격을 높이 매기는 사람을 비난하기 위해서가 아니다. 오히려 나도 그 마음을 충분히 이해하기 때문이다. 내가 중고 거래에 내놓은 물건들 중 몇 가지도 다른 사람이 보기엔 가격이 과한지 팔리지 않고 있다. 처음 구입할 때 가격이 무척 높았고, 몇 번 사용하지 않아서 상태도 최상인데 말이다. 그래도 나는 더 이상 가격을 내릴 생각이 없다. 내 기준에 따르면 이미 과하게 낮기 때문이다.

내 것은 소중하니까요

심리학 연구에 의하면 모든 사람이 나처럼 생각한다. 사람들은 자기가 소유한 물건을 소유하지 않은 물건보다 더 값지게 생각한다. 이 현상을 '단순 소유권 효과 mere ownership effect'라고 한다. 어떤 물건을 소유한 사람이 소유하지 않은 사람보다 그 물건을 더 가치 있게 평가하는 현상이다. 사람은 자신에게 소유권이 있다는 이유만으로 어떤 대상을 가치 있고 소중하게 여긴다.

    왜일까? 끊임없는 자기 고양 self-enhancement 동기 때문이다. 우리는 자기 self 스스로를 긍정적으로 평가하고 긍정적 이미지를 계속 유지하고 싶어 한다. 그렇기에 정확한 평가를 약간 포기하더라도 자신을 긍정적으로 평가하는 쪽을 선택한다. 자기 고양은 자기 능력이 실제보다 더 뛰어나거나 더 아름답다고 믿는 것, 자기에 대한 부정적 피드백을 피하고 긍정적 피드백을 찾는 것, 잘되면 내 탓이고 안되면 남 탓을 하는 등의 다양한 형태로 나타난다. 소유한 물건에 높은 가치를 부여하는 것도 자기 고양의 일환이다.

사람들은 물건에까지 자아를 확장시킨다. 자신에게 가장 소중한 물건이 무엇인지 떠올려보자. 지금 내 손으로부터 10센티미터쯤 옆에 놓여 있는 스마트폰을 예로 들어보겠다. 이 물건이 갑자기 없어진다면 나는 어떤 기분이 들까? 살점이 떨어져 나간 듯한 아픔이 느껴질 것 같다. 스마트폰을 떨어뜨려 완전히 망가진다면? 마찬가지로 누가 나를 한 대 친 것 같은 충격을 느낄 듯하다. 슬프게도 둘 다 실제 경험을 바탕으로 한다. 그렇다. 물건을 잃으면 자신의 일부가 손상된 듯한 느낌을 통해 실감할 수 있다. 나의 자아가 내 물건에까지 확장되어 있다는 것도.

뿐만 아니라 사람의 물건은 실제로 정체성을 반영한다. 어린아이들의 애착 인형에는 아이의 자아가 담겨 있다. 배터리로 작동하는 전자제품이라 할지라도 아이에게는 중요한 일부이다. 인형이 자기 동생이 되기도, 자식이 되기도 하지만, 핵심은 '내 것'이라는 점이다. 똑같이 생긴 인형이나 전동 장난감은 많지만 그것들과 자신의 것은 다르다는 사실을 분명히 알고 소중히 여긴다. 오래 가지고 놀다가 고장 나더라도 새것과 바꾸려 하지 않는 경우도 많다. 애착이 형성되면서 물건이 정체성의 일부를 반영하게 되었기 때문이다.

그래서 사람은 자신이 소유한 물건을 소유하지 않은 물건이나 다른 사람의 것보다 더 가치 있게 여긴다. 자기를 긍정적으로 보고자 하는 동기 때문에 자기 물건은 다른 물건들보다 더 좋은 특성이 많다고 생각하는 것이다.

머그잔과 초콜릿의 가치

신기한 것은 사람들이 오랫동안 가지고 있었던 물건, 깊은 정이 들고 정체성의 일부까지 반영될 정도의 물건들만 더 가치 있게 여기는 것이 아니라는 사실이다. 우리는 어떤 물건을 손에 넣는 즉시 그 물건에 더 높은 가치를 수여하는 경향이 있다. 이 현상을 '수여 효과 endowment effect'라고 부른다.

여러분이 동창회에 참석하여 기념품을 받고 있다고 가정해보자. 동창회 진행 스태프들이 가격대가 비슷한 두 종류의 기념품 중 하나를 무작위로 나누어주었다. 당신이 받은 것은 학교 로고가 인쇄된 머그잔이었다. 다른 사람들이 받은 선물은 스위스 초콜릿이었다. 앞에 나온 동창회장이 마이크를 잡고는 이렇게 말한다. "지금 나눠드린 기념품은 두 종류입니다. 혹시 다른 기념품으로 바꾸고 싶으면 스태프에게 요청해서 교환할 수 있습니다." 이때 기념품을 바꾸려 하는 사람이 얼마나 많을까? 당신은 머그잔을 스위스 초콜릿으로 바꾸려고 할 것 같은가? 만약 그렇다고 생각한다면 당신은 10퍼센트의 소수에 해당한다.

실제로 심리학자들이 비슷한 연구를 진행했다. 실험 참가자 중 절반에게는 머그잔을, 나머지 절반에게는 스위스 초콜릿을 나눠준 뒤 다른 물건으로 바꿀 수 있는 기회를 주었다. 비교를 위해 일부 집단에게는 먼저 둘 중 원하는 것을 고르도록 했다. 원하는 물건을 자유롭게 고르도록 했을 때는 사람들이 머그잔과 초콜릿을 각각 절반씩 골랐다. 즉, 두 물건에 대한 일반적인 선호도는 비슷하다고 볼 수 있다. 그렇다면 아마도 머그잔을 받은 사람 중 절반은 초콜릿으로 바꾸길 원할 것이고, 초콜릿을 받은 사람 중 절반 정도는 머그잔으로 바꾸길 원할 거라고 예상할 수도 있다. 하지만 일단 무엇이든 받은 사람들은 정작 바꿀 기회를 주었을 때 10퍼센트 정도만이 다른 물건으로 교환했다. 머그잔이든 초콜릿이든 일단 자기 것이 되고 나서는 갑자기 다른 것보다 더 가치 있게 여겨졌기 때문이다.

어떤 물건을 받자마자 바로 주관적 가치가 치솟는 이유는 사람들이 손실을 싫어하기 때문이다. 손실을 싫어하는 것은 당연한 일이지만, 특정한 가치의 이익을 좋아하는 정도보다 그 정도 가치의 손실을 싫어하는 정도가 훨씬 크다. 이 현상을 손실 혐오$_{loss\ aversion}$라고 한다. 손실 혐오 때문에 일단 자신이 손에 넣은 물건은 값이 높아지게 된다. 이미 주어진 머그잔을 잃는 아픔이 새로운 초콜릿을 얻는 기쁨보다 크기 때문이다. 따라서 머그잔 하나를 내주는 대신 초콜릿 두 개 정도를 받을 수 있다면 교환할지도 모르지만 일대일로 바꾸고 싶은 마음은 들지 않는다.

우리는 이런저런 이유 때문에 자기 물건을 남의 물건보다 가치 있고 소중하게 여긴다. 그러다 보니 내 것만 소중히 다루고, 다른 사람의 물건이나 공용 물건을 함부로 대하기 쉽다. 그래서 공용 물건이나 빌려준 물건은 쉽게 상한다. 이런 행동 때문에 불필요한 사회적 비용이 발생한다. 내가 내 소유물을 소중하고 가치 있게 여기듯, 다른 사람의 물건도 그에게는 '자기 물건'이라는 점을 생각하면 좋겠다. 각자가 사소한 행동을 변화시킬 때 사회 전체가 더 나아질 수 있다.

10강.

타이레놀은
생각보다
많은
아픔을
치유한다

아세트아미노펜

acetaminophen

2020년부터 약 3년 동안 전 세계는 코로나19 팬데믹으로 인해 많은 고통을 받았다. 돌이켜보면 참으로 힘들었던 시간이다. 마스크나 코로나 자가 검사 키트 등이 품귀현상을 일으키기도 했다. 코로나19 감염자 혹은 백신을 접종한 사람이 복용하는 아세트아미노펜acetaminophen 해열제도 그랬다. 한때는 대표적인 아세트아미노펜 성분 해열제인 타이레놀을 구하지 못해 발을 구른 사람이 많았다.

심리학 연구에 따르면 코로나19 팬데믹 동안 큰 도움이 된 타이레놀은 우리 몸의 통증을 진정시켜줄 뿐만 아니라 다른 효과도 발휘한다. 의학이나 약학 연구가 아니라 심리학 연구였다고? 맞다. 타이레놀은 심리적 통증도 줄여준다.

총 맞은 것처럼

"총 맞은 것처럼 정말 가슴이 너무 아파. 이렇게 아픈데 이렇게 아픈데 살 수가 있다는 게 이상해."

가수 백지영의 '총 맞은 것처럼'이라는 노래의 가사 중 일부다. 사랑하는 연인과 헤어져 마음이 아픈 것을 총에 맞은 듯한 고통에 비유한 가사가 많은 사람의 공감을 얻었다. 연인과 헤어져서 마음이 아픈 것은 심리적 고통이다. 심리적 고통을 총에 맞은 신체적 고통에 비유했는데, 이 비유가 말도 안 된다고 생각되었다면 노래가 인기를 얻지 못했을 것이다. 많은 사람이 연인과 헤어지면 그만큼 힘들다는 것을 경험을 통해 알고 있다.

헤어짐이나 관계에서의 거절 등 사회적 통증을 신체적 통증에 비유하는 것은 비유 수준을 넘어선다. 인간의 뇌를 들여다보면 어떤 부위는 사회적 통증과 신체적 통증에 공통적으로 반응한다. 이 뇌 영역들은 노래 가사처럼 연인과 헤어져서 아플 때 진짜 총에 맞아 아플 때와 유사하게 정서적으로 반응한다. 결과적으로, 연인과의 관계에서 떨어져 나오면 신체 일부가 떨어져 나온 것과 비슷하게 느끼게 된다.

신체적 통증과 사회적 통증에 공통적으로 반응하는 뇌 영역은 배측 전대상 피질_{dorsal Anterior cingulate cortex, dACC}과 전방 섬엽_{anterior insula, AI}이다. 심리학자들은 두 영역에 작용하여 진통 효과를 발휘하는 진통제가 있다면, 신체적 통증을 줄여주듯이 이별이나 거절 등으로 인한 사회적 통증을 줄이는 효과가 있지 않을까 궁금해했다. 그 진통제는 바로 아세트아미노펜 진통제였다. 심리학자들의 예상에 따르면 아세트아미노펜은 중추신경계를 통해 통증을 줄여주기 때문에 신체적 통증과 사회적 통증에 반응하는 두 영역의 활동을 감소시켜 사회적 통증, 즉 상처받은 마음을 진정시켜줄 수도 있었다.

연구자들은 실제 효과를 알아보기 위해 실험 참가자들에게 3주 동안 매일 아세트아미노펜을 섭취하도록 했다. 약의 효과를 알아보기 위해서는 반드시 위약을 복용한 집단과 비교해야 한다. 물론 참가자들은 자기가 먹는 약이 아세트아미노펜인지 가짜 약인지 몰랐다.●

연구자들은 21일 동안 매일 참가자들의 상처받은 마음을 측정했다. '상처받은 마음hurt feelings'이 사회적 통증을 경험할 때 느끼는 핵심적 감정이기 때문이다. 결과는 확실했다. 21일 동안 아세트아미노펜을 먹은 사람들은 첫째 날부터 점점 상처받은 마음이 진정되었다. 하지만 가짜 약을 먹은 사람들은 21일간 아무 변화가 없었다. 이처럼 위약을 먹은 사람들과 아세트아미노펜을 먹은 사람들은 상처받은 마음을 경험하는 정도가 확실히 달랐다.

또한 연구자들은 아세트아미노펜을 먹으면 거절당했을 때와

● 자기 보고를 통해 3주간 매일 상처받은 마음을 측정한 연구에서는 참가자 한 사람당 하루에 아세트아미노펜 1천 밀리그램을 섭취했고, fMRI를 통한 뇌 사진 연구에서는 한 사람당 하루에 아세트아미노펜 2천 밀리그램을 섭취했다.

신체적 통증을 경험할 때 모두 반응하는 뇌 영역인 배측 전대상 피질과 전방 섬엽의 반응이 줄어드는지를 기능적 자기 공명 영상fMRI 기계로 촬영했다. 아세트아미노펜을 3주 동안 먹은 사람들은 다른 사람들로부터 거절당하는 상황에서 가짜 약을 먹은 사람들보다 해당 뇌 영역의 활동이 현저하게 줄어들었다.

의사 결정에는 고통이 따른다

한 텔레비전 예능 프로그램에서 이런 장면을 본 적이 있다. 노래 실력이 뛰어난 가수들이 관중을 사로잡는 멋진 무대를 선보이며 오디션에서 경쟁했다. 모든 경연자가 멋진 무대를 선사했지만 심사위원들은 반드시 한쪽을 탈락시켜야 한다. 심사위원들은 고통스러운 표정을 짓는다. 모든 팀이 뛰어나기 때문에 누구도 탈락시키기 싫지만 어쩔 수 없다. 심사위원들의 고통스러운 신음과 일그러진 얼굴은 연기가 아니다. 실제로 이런 결정을 할 때 우리는 고통을 경험한다.

앞에서 이야기했듯, 사람들은 비슷하게 매력적인 선택지 중 하나를 택해야 할 때 인지부조화를 경험한다. '내가 선택한 것보다 선택하지 않은 것이 더 좋으면 어떻게 하나', '내가 잘못된 결정을 하면 어떻게 하나'라는 염려에서 발생하는 인지부조화다. 인지부조화는 우리에게 불쾌한 각성과 고통을 준다. 이때도 배측 전대상 피질과 전방 섬엽이 활성화한다. 그렇기 때문에 아세트아미노펜을 섭취하면 인지부조화를 줄이기 위한 노력을 덜하게 된다. 고통을 적게 느끼기 때문이다.

가수들의 경연에서 막상막하인 두 후보 중 한쪽을 떨어뜨려야 하는 심사위원들은 고통스러운 결정을 하고 나면 제대로 선택했을까 의심하는 결정 후 부조화를 경험한다. 그 고통을 없애기 위해, 결정 전에는 두 후보가 막상막하라고 느꼈지만 이후에는 선택한 후보에 대한 평가를 높이고 떨어뜨린 후보에 대한 평가를 낮춘다. 즉, 두 후보에 대한 선호도의 차이를 벌린다. 하지만 만약 심사위원들이 타이레놀 두 알을 삼키고 심사했다면? 인지부조화의 고통을 덜 느끼는 심사위원은 이후에도 여전히 '그래, 떨어뜨리긴 했지만 역시 너무나 매력적이란 말야'라고 생각할 것이다. 굳이 떨어진 후보에 대한 평가를 낮춤으로써 고통을 해소할 필요성이 사라졌기 때문이다.

여기서 아세트아미노펜을 예찬하려는 것은 아니다. 강조하고 싶은 것은 신체적 통증과 사회적 통증, 인지적 통증을 같은 심리적 고통으로 인식하게 만드는 우리 뇌의 신비다.

선사시대의 조상들에게는 신체적 고통을 느끼는 상황은 자칫하면 생명을 잃을 수도 있는 위험한 순간이었다. 상처가 감염되거나 출혈이 심하면 죽을 수 있고, 부상 때문에 사냥을 못 하거나 포식자들로부터 도망치기 어려울 수도 있다. 따라서 몸을 다쳤을 때 뇌는 심리적 고통을 경험하도록 진화했다. 이 위기 상황에서 재빨리 벗어나고자 하는 동기를 부여해주는 것이다. 그런데 사회적 거절을 당했을 때도 상처 입은 듯한 감정을 느낀다는 사실은 거절이 사회적 동물인 인간에게는 신체적 부상 못지않게 심각한 결과를 초래할 수 있다는 의미다. 그렇기에 뇌는 '지금 뭔가 잘못됐어'라는 신호를 심리적 고통을 통해 강력하게 내보낸다. 의사 결정할 때 느끼는 고통도 마찬가지다. 마음의 고통은 뇌가 보내는 '이상 신호'다.

    뇌가 이런 신호를 보낼 땐 무조건 약으로 경감시키려 하기보다는 무슨 문제가 생겼는지 돌아보고 해결하는 쪽이 현명하다. 그러나 심리적 고통이 너무 심하면 약의 도움을 받을 수 있다는 와일드카드도 가슴에 지니고 있으면 좋을 것이다.

11강.

행복을
예측할 수
있을까

초점주의

Focalism

내가 주로 연구하는 주제는 행복이다. 행복한 사람들의 특성은 무엇인지, 행복을 예측하는 요인은 무엇인지, 행복에 대한 사람들의 믿음은 서로 어떻게 다른지 등을 연구한다. 이 분야의 주제는 광범위하고 다양하지만 그중에서도 많은 심리학자와 대중의 관심을 받는 것은 돈과 행복의 관계다.

돈과 행복에 대한 연구 결과를 이야기하면 듣는 사람들의 눈이 초롱초롱해진다. 많은 사람의 최대 관심사는 '돈으로 행복을 살 수 있는가'이다. "그래서 돈이 많을수록 행복한 거 맞나요?"라든지 "돈이랑 행복이랑은 관계없는 거죠?" 같은 질문이 들어온다. 애석하게도 돈과 행복의 관계는 한마디로 정리할 수 있을 만큼 간단하지 않다. 그래도 이야기해보자면 돈과 행복에는 약한 정적 상관이 있다. 돈이 많을수록 행복이 약간씩 상승하는 결과가 나타난다는 의미다.

간단하게 말하기 어렵다고 한 이유는, 이 한 문장으로는 돈과 행복의 입체적인 관계를 온전히 표현할 수 없기 때문이다.

돈이 많을수록 행복 수준이 높아지는 약한 정적 상관관계가 존재하는 것은 사실이나 생각만큼 강하지는 않다. 소득 수준이 높아진 사람과 낮아진 사람을 비교해봐도 행복의 정도는 변하지 않는다는 연구 결과, 경제가 발전하며 국민들의 평균 소득이 꾸준히 상승해도 국가의 평균 행복 수준은 동일하다는 연구 결과 등 돈으로 행복을 직접 예측하지 못하는 사례도 많다. 돈과 행복의 정적 상관관계는 생각보다 작고 그리 중요하지 않다.

이 이야기를 듣는 사람들의 반응은 둘로 나뉜다. '그래, 돈은 행복에 중요하지 않아'라는 집단과 '그럴 줄 알았어. 심리학자들이 과학적 연구를 통해 돈으로 행복을 살 수 있다고 밝혀낸 거잖아'라고 하는 집단이다. 돈과 행복에 정적 관계가 있다는 점에만 주목하는 것이다. 어쨌든 사실은 사실이니까. 그런데 이렇게 돈에 집중하면 더 중요한 것을 놓칠 수도 있다.

미래의 행복 예측하기

사람들은 미래에 경험할 행복을 끊임없이 예측한다. 사실 우리의 모든 의사 결정은 미래의 행복에 대한 예측에 바탕한다고도 볼 수 있다. 결혼해서 안정감을 느끼며 살까, 아니면 싱글로 자유롭게 살까 고민하는 이면에는 '어떤 삶이 더 행복한가'라는 질문이 있다. 자녀를 낳아 키울까, 아니면 딩크DINK족*으로 살까 하는 고민도 어떤 결정이 미래의 자신을 더 행복하게 할지를 바탕으로 한다. 심리학과 법학 중 어느 전공을 택할지, 아이폰과 안드로이드폰 중 어느 것을 살지, 오늘 저녁에 돼지고기를 먹을지 생선을 먹을지 등 모든 선택은 그 결과 자신이 경험할 정서적 상태와 행복 수준에 대한 예측을 바탕으로 한다. 이 예측은 대부분 의식하지 못하는 사이에 일어나므로 우리가 모든 고민을 알아채지는 못 한다. 결과적으로 우리는 의식하든 못 하든 간에 미래에 더 행복할 것이라 여기는 선택지를 고른다.

그렇다면 돈이 행복에 중요한 영향을 미친다고 생각하는 사람은 어떤 삶의 결정들을 내리게 될까? 돈이 중요하다고 생각하면 삶의 여러 장면과 선택의 기로에서 반복적으로 돈을 선택할 것이다. 돈을 더 많이 주지만 사내 분위기가 매우 안 좋은 직장에 입사할 것인가, 아니면 연봉은 적더라도 분위기 좋고 성장할 기회가 주어지는 직장에 입사할 것인가? 예전에 친했지만 요즘 연락이 뜸한 친구의 생일인데 선물을 보낼 것인가 말 것인가? 이번 주말엔 집에서 텔레비전으로 야구를 볼 것인가 야구장에 가서 볼 것인가? 약속 장소까지 대중교통으로 갈 것인가 택시 타고 빠르게 갈 것인가?

돈이 행복에 중요하다고 생각하면 여러 상황에서 일관적으로

- Double Income No Kid의 약자로, 자녀를 낳지 않고 맞벌이하며 사는 생활을 추구하는 사람을 뜻한다.

돈을 더 벌거나 지출을 줄이는 선택을 할 것이다. 이런 선택은 돈을 더 모으게 해주는 대신 다른 대가를 치르게 할 수 있다. 성장할 기회, 친구와의 관계, 질 좋은 여가생활, 여유 시간 등 돈을 선택하며 포기한 것들 말이다.

그런데 만약 돈에 대한 믿음이 틀렸다면 어떻게 될까? 돈에 집중하느라 다른 중요한 가치들을 보지 못해서 놓쳐버린 것들이 사실은 우리를 더 행복하게 해줄 수 있었다면? 그럼 더 행복해질 수 있는 이상적인 선택을 하지 못했다는 의미가 된다. 이런 일은 실제로 대부분의 사람에게 일어난다. 사람은 자신의 행복을 정확하게 예측하지 못하기 때문이다.

하나에 집중하면 다른 것을 못 본다

미래를 예측하는 일은 너무나도 매력적이지만 매우 어려운 일이다. 그렇기에 미래를 알면 어떻게 될지 상상하는 영화나 소설 등도 많다. 일기예보를 위해 현재의 여러 정보를 수집하듯, 우리는 미래의 감정을 예측하기 위해서도 현재의 여러 정보를 수집하고 분석한다.

예컨대 스포츠 팬이라면 자신이 응원하는 팀이 중요한 경기에서 우승하면 어떤 기분일까? 한 야구팀의 열렬한 팬인 내 남편은 응원하는 팀이 한국시리즈에서 우승할 듯하면 야구장에서 직접 관람할 것이고, 실제로 우승하는 순간에는 너무 행복해서 울 것 같다고 말했다. 응원하는 팀이 우승하는 모습을 상상하면 참으로 행복해진다. 하지만 사람들은 미래의 사건이 가져다주는 행복을 일관된 방향으로 잘못 예측한다. 실제로 경험할 행복보다 강하게, 더 오랫동안 행복할 것이라고 말이다. 반대 방향의 예측 오류는 일어나지 않는다.

이처럼 실제로 경험할 정서적 강도와 기간을 과장하여 예측하는 것을 감정 예측 오류affective forecasting error라고 한다. 이 오류에 중요한 영향을 미치는 것은 초점주의focalism다. 초점주의란 특정 사건이 감정에 미칠 영향을 생각할 때 그 사건과 관련 없는 다른 사건들이 감정과 생각에 미칠 영향을 고려하지 않는 경향을 뜻한다.

즉, 응원하는 야구팀이 한국시리즈에서 우승하면 얼마나 행복할지 예상하는 동안 여전히 직장에서 일해야 하고 집에서 육아와 살림도 해야 하며 자신의 행복과 불행에 크고 작은 영향을 미치는 수많은 일이 계속 일어난다는 것을 간과한다. 마치 그 우승이 진공상태에서 일어나는 일인 것처럼 사건 하나의 영향만 계산하고 추측한다. 그러나 실제 경험은 진공이 아니라 일상 속에서 이루어진다. 직장에서 받는 업무 스트레스, 사람과 부딪히며 느끼는 스트레스, 직장과 가정 사이에서 아슬아슬하게 균형을 유지하기 위한 노력 등으로 이루어진 삶은 행복에 영향을 미치는 일들로 가득하다. 그렇기에 특정한 사건이 불러일으키는 행복은 반드시 예측보다 빨리 사라진다.

다행인 것은, 불행한 사건도 마찬가지라는 것이다. 연인과 이

별하면 영원히 고통스러울 것 같지만 막상 헤어지고 나면 일반적으로 몇 달 안에, 짧으면 몇 주 안에 원래 행복 수준으로 돌아온다. 스마트폰을 잃어버리면 소중한 사진과 영상, 기록도 함께 사라지므로 통증과 속상함을 느낀다. 하지만 시간이 지나면 아쉬움과 안타까움에 대한 기억만 남을 뿐 스마트폰 분실이 더 이상 자신을 불행하게 하지는 않는다. 그 무엇도 우리가 집중해서 생각할 때의 영향만큼 큰 영향력을 발휘하지는 않는다.

2002년 노벨 경제학상을 받은 심리학자 대니얼 카너먼Daniel Kahneman은 이렇게 말했다. 우리가 무언가를 생각하는 동안은 그 대상에만 초점을 맞추고 집중하기 때문에 다른 수많은 것의 영향을 고려하지 못하게 된다고. 그는 이렇게 강조했다. 소득 수준이 행복에 영향을 미치는 것은 분명 사실이지만, 그 중요성은 사람들의 생각보다 훨씬 작다고 말이다. 만약 전 세계 모든 사람의 소득이 같아진다면 어떻게 될까? 그 말은 대기업 총수의 연봉과 내 연봉이 같아진다는 말이며, 세계적 투자의 귀재 워런 버핏과 내가 같은 돈을 번다는 말이다. 세계 최빈국의 사람들도 모두 나와 동일한 소득을 갖게 된다는 말이기도 하다. 소득 격차가 사라진다면 행복의 격차는 얼마나 줄어들까? 세계 모든 사람의 소득 격차가 완전히 사라져도 삶에 대한 만족도의 격차는 채 5퍼센트도 줄어들지 않는다. 행복과 돈의 관계는 생각만큼 크지 않다.

우리가 크고 작은 삶의 결정을 할 때 더 현명하고 이상적으로 선택하기 위해선 결국 미래의 감정을 잘 예측해야 한다. 초점주의의 오류에 빠지지 않도록 내 삶은 계속된다는 점을 기억해야 한다. 야구팀이 우승해도 내 삶은 계속된다. 돈을 많이 벌어도 내 삶은 계속된다. 삶이 계속된다는 것을 염두에 두며, 한 가지 일에만 초점을 맞추지 않은 채로 행복 예측을 연습하면 점차 나은 선택과 의사 결정을 할 수 있을 것이다. 지금 이 책을 읽는 것처럼 인간의 마음을 더 탐색해나가는 것도 좋은 방법이다.

12강.

레스토랑에
턱없이
비싼
메뉴가
있는 이유

닻 내림 효과

anchoring and adjustment

살다 보면 한번씩 분위기 좋은 레스토랑에서 식사할 때가 있다. 테이블에 앉은 사람들은 메뉴판을 들여다보며 생각한다. 무슨 코스를 시킬까? A~D 코스가 있다. 그래도 마음먹고 왔는데 제일 싼 것을 시키긴 좀 그렇다고 생각하며 적당한 가격의 메뉴를 주문하려 하는데, 마지막 페이지에 있는 코스 요리가 눈에 띈다. 1인분에 20만 원이다. 헉! 하고 놀라며 어떤 음식들이 나오는지 훑어본다. 고기도 제일 비싼 부위에 송로버섯에 비싼 재료들로 만들었다. 처음 보는 음식도 있다. 메뉴판의 앞쪽으로 돌아온다. 그런데 20만 원짜리 코스를 보고 나니 갑자기 10만 원짜리 코스가 무척 좋은 선택지로 느껴진다. 재료도 비슷한데 가격은 반값이니 가성비가 높고 좋은 선택이다. '기왕 좋은 분위기에서 맛있는 음식 먹으러 나왔는데' 생각하며 10만 원짜리 코스로 결정한다.

이런 식의 의사 결정이 실제로 레스토랑에서 많이 이루어진다. 그래서 메뉴판에 아무도 주문하지 않을 듯한 비싼 코스나 음식들이 적혀 있다. 가장 고가의 요리를 본 손님이 그 가격을 일종의 기준점으로 삼으면서 '합리적인 가격'의 기준이 바뀌기 때문이다. 가장 비싼 메뉴는 실제로 주문하라고 정했다기보다는, 이렇게 비싼 것도 있다는 정보를 제공해서 소비자의 기준점을 높이기 위해 만든다. 중간 정도 가격의 메뉴를 더 많이 선택하도록 은근히 영향력을 행사하는 것이다.

간디는 몇 살까지 살았을까?

이처럼 영향력을 발휘하는 효과를 기준점과 조정 anchoring and adjustment 이라 부른다. 간략하게 '닻 내림 효과'라고도 한다. 의사 결정을 할 때 먼저 제시된 가격의 영향을 과도하게 받아 치우친 판단을 하는 현상이다. 배는 닻 anchor 을 내리면 바다에서 떠내려가지 않고 고정된 채 떠 있다. 닻을 내리면 배가 멀리 갈 수 없는 점과 유사하게, 사람의 생각도 일단 닻을 내리듯 기준점이 생기면 그것을 중심으로 머문다. 기준점을 중심으로 얼마간의 조정 adjustment 을 하더라도 계속 그 주위에 있다. 닻이 내려지더라도 조정을 많이 할 수 있다면 상관없을 테지만 사람 마음은 그런 식으로 작동하지 않는다. 한번 생각의 닻이 내려진 사람은 그것을 중심으로 언제나 '불충분한 insufficient'

조정을 해서 문제가 생긴다.

닻을 내린 후의 조정이 충분하지 않음을 보여주는 예를 들어보자. 인도의 정신적 지도자였던 마하트마 간디가 몇 살까지 살았는지 추측해보자. 인터넷에서 검색하지 않고 스스로 추정해서 나이를 떠올려보자.

실제로 심리학자들이 참가자들에게 간디의 나이를 추정해보라고 묻는 실험을 했다. 특이한 점은 생각의 기준점이 될 숫자를 먼저 제시했다는 것이다. 이 숫자들은 말도 안 되는 수치였다. 연구자들은 참가자의 절반에게는 "간디가 140살보다 오래 살았나요, 짧게 살았나요?"라고 묻고 나이를 추정하게 했다. 실제로 140살을 사는 사람은 없으므로 말이 안 되는 숫자다. 반대로 나머지 절반의 참가자들에게는 이렇게 질문했다. "간디는 9세보다 오래 살았나요, 짧게 살았나요?" 한 국가의 정신적 지도자였던 인물이 9세까지만 살았다는 것은 말이 되지 않기 때문에 진지하게 고려할 필요가 없는 질문이다.

그런데 결과는 어땠을까? 140세와 9세 모두 신경 쓰지 않고 그저 나이를 추정하면 되었지만 그렇지 않았다. 말도 안 되는 숫자임에도 불구하고 참가자들은 그것을 기준점 삼아 조정을 했다. 결과적으로 높은 기준점에서 시작한 집단은 평균적으로 간디가 67세까지 살았다고 답한 반면, 낮은 기준점에서 시작한 집단은 50세 정도 살았다고 추정했다. 큰 차이다. 140과 9라는 신경 쓸 필요 없는 정보, 누가 봐도 유용하지 않고 관련도 없는 정보를 조정의 기준점으로 삼은 결과다. 참고로 간디는 1869년부터 1948년까지 79년을 살았다. 기준점부터 충분하게 조정이 이루어진다면 시작을 어디서 했든 상관 없이 나이가 비슷하게 수렴되었어야 했다.

　이처럼 정답과 관련 없음에도 불구하고 마음에서 기준점으로 작용하면 그 값의 영향을 받을 수밖에 없는 닻 내림 효과는 너무도 강력해서 우리 일상 전반에서 발생한다.

고정된 생각에서 벗어나지 못하는 마음

예술 작품을 전시하고 판매하는 행사에서도 닻 내림 효과가 흔히 발생한다. 예를 들어보자. 그림을 감상하고 있으면 옆에서 관계자들이 이 작품은 어떤 특색이 있고 얼마에 팔고 있다고 알려줄 때가 있다. 일반적인 관람객에게는 이 그림은 2백만 원이고 저 그림은 350만 원이란 말은 별 의미가 없다. 그 정도까지 지불하고 그림을 사는 일은 없다고 생각하는 경우가 대부분이니 말이다. 그런데 어느 그림 앞에 서니 관계자가 "이 작품은 현재 2억에 나와 있어요"라고 말한다. 이렇게 깜짝 놀랄 숫자를 듣고 나면 백만 원 대 작품들이 구입할 만하게 여겨지기 시작한다. 그럼 계획에 없는 충동 구매를 할 수도 있다.

　특히 소비에 관해 결정할 때 닻 내림 효과의 영향을 받지 않도록 주의해야 한다. 온라인 쇼핑이나 마트에서 장 볼 때 흔히 접할 수 있는 '○○퍼센트 세일' 또는 '1+1' 등의 광고들에 주의할 필요가 있다. 일반적으로 티셔츠에 2만 원 이상을 쓰지 않는 사람도 90퍼센트 할인 표시가 붙어 있거나 원래 가격 30만 원에서 3만 원으로 할인한다고 적혀 있으면 구입할 확률이 높다. 절대적 가격 자체는 티셔츠 구매에 할당하는 예산보다 1만 원 비싸지만, 판매자가 먼저 30만 원이라는 높은 가격에 닻을 내림으로써 소비자는 그 가격의 영향을 받게 된다. 반대로 상인 입장에서는 손님의 구매를 늘리는 무척 효율적인 판매 기법이다.

　닻 내림 효과는 협상 테이블에서도 유용하게 쓰인다. 연봉 협상을 할 때는 처음 부른 금액이 닻으로 작용한다. 여기서 점차 액수를 깎아 내려가며 최종적으로 연봉이 결정되지만, 어쨌든 기준점은 처음에 부른 값이 된다. 처음에 매우 높은 연봉을 부르면 결국 높은 연봉에 서명할 수 있다. 닻 내림 효과라는 용어를 모르더라도 상인이나 협상가들은 이 효과를 이미 알고 활용하고 있다.

　닻 내림 효과는 워낙 효과가 강력하고, 심리학 현상 중에서도 일찍 발견되어 현재까지 50여 년간 연구되어왔다. 그만큼 이 효과를 예방하고 보다 이상적인 의사 결정을 하는 데 도움이 될 방안들을 찾기 위해 심리학자들이 많은 노력을 했다. 하지만 강력한 대응 방안은 발견되지 않고 있다. 심지어 닻 내림 효과에 관해 알고 의식적으로 주의해도 불충분한 조절이 계속 일어난다. 심리학을 공부할수록, 사람은 생각만큼 이성적이지 못하며, 무의식의 영향을 매우 많이 받는다는 것을 알게 된다.

　그래도 포기할 수는 없으니 참고할 방법 몇 가지를 살펴보자.

의사 결정을 할 땐 자신이 외적인 영향에 휘둘리는 것은 아닌지, 인지적 편향이 발생하진 않았는지를 의식적으로 생각해보는 것이 좋다. 예컨대 앞에서 언급한 예술 작품 전시장에서 백만 원 대 그림을 구입할 뻔했을 때 '방금 여기에 들어섰다면 그림을 이 가격에 사려고 했을까? 아마 안 했겠지'라고 생각하며 2억 원이라는 닻의 효과에서 벗어날 수 있다.

의사 결정을 할 때, 특히 무엇을 살지 선택할 때는 한 걸음 물러나 다시 생각해보자. 다른 사람이 정해준 닻을 기준으로 비교하는 것이 아니라 스스로 정한 기준을 바탕으로 생각해보도록 노력하자. 그리고 겸손하자. 우리는 닻 내림 같은 외적 영향에 쉽게 흔들릴 수 있는, 어쩔 수 없는 인간임을 기억하자.

13강.

타인은
나에게
관심이
없다

조명 효과와 자기중심성

spotlight effect & egocentrism

주말에 가족과 함께 종종 바닷가를 산책할 때면 거리 공연을 하는 사람들을 보게 된다. 공연을 본 후에는 감사 표시로 악기 케이스에 돈을 넣는다. 내 딸은 자신이 직접 돈을 넣는 것을 좋아한다. 지금보다 어렸을 때는 다른 사람들의 시선을 의식하지 않고 아장아장 앞으로 걸어갔지만 이제는 달라졌다. 앞에 나가고 싶어 하면서도 한편으로는 사람들을 의식하며 쑥스러워한다. 자신의 행동을 모든 사람이 집중해서 볼 것이라고 느끼기 때문이다.

집중 조명을 받는 느낌

사람들 모두가 내 존재와 행동을 바라볼 것이라는 딸의 예측은 과장된 생각임이 분명하다. 공연을 보는 사람들은 노래하는 가수에게 집중하기 때문에 누군가가 무대에 가서 돈을 내더라도 대부분 눈치채지 못한다. 하지만 딸에게는 자신이 우주의 중심이기에 무대로 걸어가 돈을 넣는 행동이 이목을 끌 것이라고 생각한다.

    (독자는 예상하고 있겠지만) 이런 착각은 내 딸만의 일이 아니다. 사람들은 자신의 등장과 행동을 다른 사람들이 집중하며 주목할 것이라고 과대평가하는 경향이 있다. 이 경향을 조명 효과spotlight effect라고 한다. 마치 연극 무대 위에서 배우가 독백할 때 주변이 어두워지고 스포트라이트가 집중되는 듯한 느낌이다.

    이런 상상을 해보자. 당신이 유명 개그맨의 사진이 대문짝만하게 프린트된 티셔츠를 입고 돌아다니고 있다. 스스로 선택한 것이 아니라 누군가 입으라고 해서 억지로 입은 옷이다. 아마도 티셔츠를 입고 있는 동안 신경 쓰이고 개그맨의 얼굴이 의식될 것이다. 지나다니다가 눈이 마주치는 사람 모두가 당신의 티셔츠를 쳐다보는 듯할 것이다. 얼굴이 화끈거리지만 최대한 아무렇지 않은 척하며 걸으려 노력할 것이다. 하지만 당신의 눈과 귀는 활짝 열려 있고, 티셔츠를 쳐다보거나 웃는 사람이 있는지 신경 쓸 것이다. 그런데 정말 당신의 옷에 유명 개그맨의 얼굴이 있다는 것을 인식한 사람은 몇 퍼센트나 될까? 몇 퍼센트일 것이라고 추측했는지 모르지만 실제보다 높을 가능성이 크다.

    이 상상은 실제로 미국 코넬대학교에서 심리학자 토머스 길로비치Thomas Gilovich와 그의 동료들이 실시한 연구와 비슷하다. 실험에 참가한 학생들은 자신들의 윗세대가 좋아했던 가수 배리 매닐로Barry Manilow의 얼굴이 크게 프린트된 티셔츠를 입었다. 평균적으로 학생들은 자신을 본 사람들 중 절반 정도가 티셔츠의 인물을 알아볼 것으로 예상했으나, 실제로는 네 명 중 한 명 정도만 인식했다. 실험에 참가한 학생들은 자신에게 쏠린 사람들의 눈과 주의를 2배나 과대평가했다.

자기중심성이라는 함정

우리는 왜 이렇게 다른 사람의 시선을 과대평가할까? 자기중심성egocentrism 때문이다. 자기중심적이라는 말은 이기적이라는 의미가 아니다. 세상을 보는 자신의 관점과 다른 사람의 관점을 구분하지 못하고 자기 관점을 다른 사람들도 공유한다고 착각하는 것을 말한다. 특히 아이는 성인보다 자기중심성egocentric이 더 강하다. 다른 사람의 관점이 자신의 관점과 다를 수 있다는 것을 알게 되는 발달 단계에 아직 도달하지 못했기 때문이다.

　　성인은 아이보다 자기중심성이 적지만, 그래도 모든 인간은 자기중심적이다. 다른 사람과 나의 시야가 다르고 내 지식과 다른 사람의 지식이 다르다는 것을 이론적으로는 알지만 마음속에서 충분히 고려하지 못한다. 자신에게는 내 생각, 내 감정, 내 행동이 가장 현저하다. 다른 사람들은 내 행동이나 내 존재를 나 자신만큼 주목하지 않으리라는 것을 머리로는 이해하나 충분하지 않다. 여기서도 앞에서 이야기한 닻 내림 효과가 나타난다. 즉, 자기에 대한 인식에 닻이 내려져 이것이 기준점이 된다. 다른 사람들은 나보다는 덜하다는 계산을 바탕으로 조정하여, 남들의 머릿속에 있는 나에 대한 생각은 자신의 머릿속에 있는 나에 대한 생각보다 적을 것이라고 예측한다. 닻 내림 후 나름의 조정을 한 것이다. 그러나 불충분한 조정이다. 남들은 내가 예측한 것보다 나에 대한 생각을 훨씬 적게 한다.

혼자만의 시선

대학생 시절 한 친구와 이야기하다가, 학생회관의 커다란 계단에서 넘어져 구르면 어떤 기분이 들지를 두고 대화한 적이 있다. 친구는 이렇게 말했다. "이 계단을 내려가다가 넘어지면 어떨 거 같아? 아마 난 휴학할 거야."

  친구는 수많은 사람이 지나다니는 계단에서 넘어지면 이목을 집중시킬 것이며 그것이 너무 창피하다고 생각했던 것 같다. 그 창피함이 생생해서 당분간 학교에서 자취를 감추고 싶어질 것이라고까지 예상한 것이다. 계단에서 넘어지면 매우 위험하니 더 염려해야 하는 것은 부끄러움보다는 다칠 가능성이다. 그럼에도 불구하고 사람들의 이목이 집중되는 것을 더 염려할 정도로 조명 효과는 강렬하다.

살다 보면 때때로 '흑역사'라는 순간이 생길 때가 있다. 남 보기 부끄러운 행동이나 자랑할 만하지 못한 일을 했을 때 우리를 더 괴롭게 만드는 것은 사람들의 시선이다. 사실 그 시선은 대부분 우리의 머릿속에 머문다. 사람들은 생각보다 나에게 크게 주목하지 않기 때문이다.

한편으로는 아쉽게도 자기가 생각하는 멋진 모습에 주목하는 사람도 예상보다 적기 마련이다. 운동을 잘하거나 한껏 꾸민 모습을 다른 사람들이 보면 감탄하리라 생각할 수도 있지만, 실제로는 기대보다 적은 사람이 주목한다. 멋지고 자랑하고 싶은 행동에도 조명 효과가 작용하기 때문이다. 기억하자. 다른 사람들은 생각보다 나에게 관심이 없다.

14강.

다른 사람이
나를
꿰뚫어
보는 듯할
때

투명성 착각

Illusion of transparency

나는 매 학기 심리학과 전공 수업에서 조별 과제를 낸다. 학생들이 조별 과제를 싫어하는 것을 잘 알고 있고, 되도록이면 학생들이 힘들지 않게 하고 싶다. 하지만 사회적 상황 속 개인의 심리를 다루는 사회심리학 과목에서만큼은 이론을 삶에 녹이고 체험할 수 있는 좋은 기회라고 생각하기에 과제를 낸다.

내가 조별 과제를 내면 학생들은 역할을 분담하여 발표 자료 만들기 담당, 자료 조사 담당, 발표 담당 등 각자가 잘하고 좋아하는 활동을 맡는다. 그렇기에 수업 시간에 다른 학생들 앞에서 발표하는 데 거부감이 없는 학생들이 발표 담당이 되는 경우가 많은 것 같다. 대체로 자신감 있고 여유 있게 발표한다.

물론 발표하면서 많이 긴장하고 떠는 학생도 있으며, 오히려 이것이 더 자연스러운 반응이다. 미국 코미디언이자 배우 제리 사인펠드Jerry Seinfeld는 스탠드업 코미디에서 이런 농담을 했다. '한 연구에 의하면 일반적인 사람들이 가장 두려워하는 것 1위가 대중 앞에서 연설하는 것이다. 다음으로 두려워하는 것은 죽음이다. 장례식장에서 사람들 앞에서 추도 연설하는 것보다 관 속에 들어가 있는 것이 더 낫다는 말이다.'

이 개그는 전 세계적으로 많은 사랑을 받았고, 지금도 인터넷에서 쉽게 찾을 수 있다. 그만큼 많은 사람이 공감했기 때문이다. 개그는 어디까지나 개그로 받아들여야 하겠지만, 중요한 점은 많은 사람이 그만큼이나 대중 앞에서 하는 연설을 싫어한다는 것이다. 학생이 다른 학생들 앞에서 발표해야 하는 상황에 스트레스를 받는 것은 어쩔 수 없는 일이다.

마음속을 들킨 기분

조별 발표나 프레젠테이션, 연설이 긴장되는 이유는 뭘까? 학생의 경우 자신의 발표 내용이 평가받는 상황에서 실수 없이 잘해야 한다는 부담이 긴장감을 유발할 수 있다. 하지만 또 다른 이유도 있다. 사람들은 목소리가 흔들리거나, 몸을 떨거나, 버벅대서 자신이 긴장했다는 것을 청중이 알아챌까 봐 더 긴장한다. 사람들은 발표 불안이란 감정을 숨기고 싶어 하는데, 자신의 감정을 다른 사람들이 눈치 챌 거라고 걱정하면 더 불안해지는 악순환이 발생한다.

우리에게는 발표 불안 외에도 숨기고 싶은 내적 상태가 많다. 사람들이 종종 나에게 마피아 게임●을 잘하는지 묻는다. 심리학자이므로 다른 사람들의 바디랭귀지를 읽어서 거짓말을 잘 골라낼 수 있는지 궁금해서 묻는 것이다. 하지만 마피아 게임을 잘하려면 그 외에도 능수능란한 거짓말 실력 혹은 연기력이 필요하다. 나는 거짓말을 못하기 때문에 마피아 게임도 잘 못한다. 거짓말을 못한다는 것은 내가 선하거나 도덕적이어서 진실만을 말한다는 의미가 아니라, 거짓말하면 들킨다는 뜻이다. 그렇기에 특히 내가 마피아가 되었을 때는 금세 티가 난다. 마피아 게임을 좋아하는 사람으로서 아쉽지 않을 수 없다. 마피아 역할을 맡았을 때 사람들을 속이고 멋지게 활약하고 싶지만 나에겐 너무 어려운 일이다. 내가 거짓말을 잘 못하는 이유의 맥락은 발표 불안과 같다. 거짓말할 때 티 날까 봐 불안해서 표정이 어색해지고 뻣뻣해지다 보니 정말 거짓말을 못하는 마피아가 된다.

심해에 사는 신비한 동물 중에는 유리문어Glass octopus가 있다. 이 문어는 이름 그대로 온몸이 유리처럼 투명해서 머리끝부터 발끝에 이르는 몸속이 들여다보인다. 마피아가 된 내가 시민인 척 거짓말할 때의 기분이 그렇다.

● 여러 사람이 하는 게임. 게임 참여자끼리는 서로가 시민인지 마피아인지 모르는 상태에서 사회자가 소수의 마피아와 다수의 시민을 정하면 서로 대화하며 마피아가 누구일지 추측하여 골라내는 게임이다. 마피아는 시민인 척하기 위해 연기하며 시민을 마피아로 몰아 자신이 의심받지 않아야 한다.

남들은 내 마음을 잘 모른다

하지만 염려와는 달리 다른 사람들은 나의 내면을 나만큼 잘 알 수 없다. 이 현상을 '투명성의 착각illusion of transparency'이라고 한다. 자신의 내적 상태가 다른 사람들에게 드러나는 정도를 과대평가하는 착각이다.

자신의 생각과 감정, 태도 등이 투명하게 들여다보일 거라고 착각하는 이유는 앞서 이야기한 조명 효과 같은 자기중심성 때문이다. 마피아를 맡은 나에겐 거짓말하고 있는 나의 쿵쾅대는 심장 소리가 너무도 잘 들린다. 미세한 동공의 흔들림도 나에겐 지진 같고, 불안정한 호흡은 태풍처럼 느껴진다. 그래서 다른 사람들도 내 흔들리는 눈빛과 불안정한 호흡을 눈치챌 수밖에 없다고 착각한다.

심리학자들이 투명성의 착각을 알아보기 위해 흥미로운 실험을 한 적이 있다. 15잔의 음료를 준비한 이들은 그중 10개의 잔에는 달콤한 음료수를, 다섯 개의 잔에는 신맛이 나는 음료수를 담았다. 실험에 참가한 사람들은 15잔의 음료를 마시되 최대한 아무 생각이나 감정이 담기지 않은 중립적 표정을 유지하라는 주문을 받았다. 이들은 몇 번째 마신 음료가 맛이 없는지 최대한 티를 내지 않아야 했다. 참가자가 음료 마시는 모습을 보는 관찰자들에게도 임무가 주어졌다. 15개 중 맛없는 음료 다섯 개가 몇 번째에 있는지 맞히는 것이었다.

신 음료를 마실 때 느껴지는 시큼함과 불쾌함 등은 무척 강렬했다. 그랬기에 불쾌한 내적 느낌이 표정으로 나타났을 거라고 여긴 참가자들은 관찰자가 맛없는 것을 골라낼 확률을 과대평가했다. 실제로는 관찰자들은 우연의 확률로밖에 맞히지 못했다. 즉, 15잔 중 다섯 잔을 무작위로 골랐을 때 맞힐 확률인 33.3퍼센트였다. 하지만 음료를 마신 참가자들은 경험이 너무 강렬했던 나머지 더 많은 관찰자가 정답을 맞힐 것이라고 생각했다.

발표 불안을 줄이는 법

앞의 사례를 보면 좀 억울하다. 사람들이 내 마음을 모르는데도 필요 이상으로 긴장해야 한다니. 특히 대중 앞에서의 연설은 많은 현대인에게 중요한 활동인데 말이다.

한편으로는 희소식도 있다. 발표 불안은 줄일 수 있다. 바로 발표 전에 투명성의 착각이라는 현상이 존재한다는 사실을 유념하면 된다. 발표를 앞둔 사람에게 '연구에 따르면 사람들은 자기의 긴장감이 다른 사람들에게 잘 드러난다고 착각하지만, 실제로는 겉으로 드러나는 측면이 너무 미세해서 잘 보이지 않는다'는 점을 알린다. 만약 긴장하더라도 그것을 아는 사람은 당신 자신뿐이라고 이야기해주고, 마음 편히 최선을 다하라고 한다.

이처럼 투명성의 착각에 대한 정보를 듣고 발표한 사람들은 아무 이야기도 듣지 못한 사람들보다, 심지어 마음 편하게 가지고 최선을 다해보라는 격려만 들은 사람들보다 자신의 발표가 우수했다고 느꼈다. 뿐만 아니라 다른 사람들이 자신이 긴장한 사실을 몰랐을 것이라고 생각했고, 발표의 질을 높이 평가했을 것이라고 생각했다. 실제로 평가자들은 발표자가 긴장을 적게 했고 발표는 더 잘했다고 평가했다. 투명성의 착각이 사라지자 긴장감이 줄어들고 수행이 좋아졌다.

적당한 긴장감은 수행에 도움이 된다. 다만 그 상태가 남의 눈에 띌까 봐 긴장의 악순환행 특급열차에 올라타는 것은 도움이 되지 않는다. 투명성의 착각이라는 현상이 존재함을 알면 남들에 관한 걱정이 사라지기 때문에 악순환이 시작되지 않는다. 이것이 실제 발표나 연설의 질까지 높여주니 과연 '아는 것이 힘'이라고 할 만하다.

생각보다 많은 사람이 발표 불안을 벗어날 방법을 찾는다. 직장인은 프레젠테이션할 일이 많으므로 발표 불안을 없애고 싶어 한다. 취업을 준비하는 사람은 면접에서 긴장하지 않고 잘 말하고 싶어 한다. 학생도 과제 발표를 할 때 떨지 않고 잘 전달해서 좋은 점수를 받고 싶어 한다. 대중 앞에서 이야기해야 할 때는 이 점을 기억하자. 다른 사람들은 내가 긴장한 줄 모른다. 태연한 척하자. 자신 있는 척하자. 그럼 사람들은 그렇게 생각할 것이다.

15강.

벼락치기가 실패하는 이유

흥분과 냉정 사이의 감정적 간극

Hot-cold empathy gap

나는 학생 시절 밤샘 과제, 밤샘 시험공부를 많이 했다. 아니, 많이 시도했다. 실제로 밤샘 공부를 계획대로 한 적은 손에 꼽힌다. 피로와 졸음 때문에 실패한 적이 무수히 많다고 하는 것이 정확하다.

설령 밤새는 데는 성공하더라도 원하는 시간 동안 맑은 정신과 높은 집중력으로 공부하지는 못했다. 머리는 멍해지고 집중력은 흐트러지니 효율은 0에 수렴할 지경이었다. 그럴 거라면 차라리 몇 시간이라도 푹 자고 맑은 정신으로 공부하는 것이 나았다.

나의 경험은 심리학 연구 결과들도 뒷받침해준다. 잠을 자지 않으면 제대로 학습할 수 없고 학습 내용을 더 많이 망각한다. 그래서 나는 학생들에게 시험 전날 밤새지 말라고 당부한다. 공부를 덜 하더라도 제대로 자야 오히려 시험을 잘 본다고. 잠을 안 자고 많은 것을 암기(했다고 착각)해봤자 정작 시험 시간에 제대로 떠오르지 않는다.

그럼에도 불구하고 시험공부를 늦게 시작해서, 게임의 유혹에 빠져서, 시험 범위를 모두 공부하지 못해서, 일단 조금만 더 놀고 싶어서 등의 다양한 이유로 많은 학생이 이 전략을 선택한다. 나의 경험처럼 무수히 많은 학생이 밤샘 벼락치기를 시도하다 실패할 것이다.

계획하는 나와 실행하는 나의 차이

밤샘 전략이 성공하기 매우 어렵고, 실패할 가능성은 높은 이유는 무엇일까? 밤을 새자는 계획을 세우는 나와 실제로 한밤중에 책상 앞에 앉아 있는 나는 다른 상태이기 때문이다.

우리는 자신을 서로 다른 두 사람처럼 느낄 때가 있다. 감정을 경험하고 있는 뜨거운 자아 'hot' self와 감정을 경험하고 있지 않은 차가운 자아 'cold' self다. 뜨거운 자아와 차가운 자아는 서로의 취향과 선호, 행동과 선택을 잘 모른다. 정말 남남인 것처럼 말이다.

이처럼 서로의 선호를 예측하지 못하는 현상을 '흥분과 냉정 사이의 감정적 간극 Hot-cold empathy gap' 또는 '흥분과 냉정 사이의 공감 격차'라고 한다.

기말고사 전날의 오후, 한 대학생이 이렇게 생각한다. '열심히 집중해서 7시간 정도 보면 전체를 훑을 수 있어. 그럼 아직 시간이 한참 남았네. 지금 어차피 공부도 손에 안 잡히는데 게임을 조금 하다가 밤에 공부하자. 밤새면 되니까.' 이때는 정신이 맑고 체력도 넘치는 쌩쌩한 시간이다. 졸리지 않은 '차가운' 상태다. 그러나 게임을 마치고 시계를 보니 새벽 1시. 피로해지고 자꾸만 눕고 싶어진다. 졸리고 피곤한 몸은 잠을 요구하는 '뜨거운' 상태가 되었다. 그러자 갑자기 생각이 달라진다. 졸음을 참으며 머리를 쓸 자신이 없어졌기 때문에 차라리 지금 자고 내일 새벽에 일어나 공부하자고 계획을 바꾼다. 그러나 그 전략은 다시 실패한다. 지금 자면 내일 새벽엔 일어날 수 있을 것이라 생각하지만 새벽녘이 되자 피곤한 몸이 일어나기를 거부한다. 뇌도 깨기를 거부한다. 결국 벼락치기는 실패로 끝난다.

이런 실패가 나타나는 원인은 무엇일까? 감정을 경험하지 않고, 배고프거나 목마르지 않고, 졸리거나 피곤하지 않고, 성적 각성 상태가 아닌 차가운 상태에서는 미래의 뜨거운 충동이 자기에게 미칠 영향을 예측하지 못하기 때문이다. 뜨거운 상태는 본능적이고 기본적인 생리적 욕구가 발생하거나 감정을 경험하는 상태를 말한다. 즉, 공포나 분노 등의 감정을 경험하고 있거나, 배고프고 목이 마르거나, 졸리고 피곤하거나, 성적으로 각성된 때다.

비슷한 일들이 도처에서 수시로 일어난다. 배고픈 상태로 장을 보면 필요 이상의 식료품과 간식을 사게 되므로 배가 부를 때 장을 봐야 한다는 생활의 지혜는 너무나도 유명하다. 배가 고픈 '뜨거운 자아' 상태로 장을 보면 배고픔이라는 강력하고 생리적이며 본능적인 욕구에 이끌린다. 그래서 나중에 배고프지 않을 때의 '차가운 자아'에게 많은 음식이 필요하지 않을 것임을 예측하지 못한다.

영화에도 비슷한 장면이 종종 등장한다. 천상의 목소리와 빼어난 노래 실력을 지닌 주인공이 무대 공포증 때문에 사람들 앞에 서지 않고 가수의 꿈을 숨기며 살아간다. 그러다 어떤 계기로 인해 공포를 이겨내기로 결심하고 오디션 무대에 선다. 막상 무대 위에 서자 감당하기 힘든 공포가 압도하고, 부들부들 떨던 주인공은 결국 무대에서 도망쳐버린다. 공포를 느끼지 않는 차가운 상태에서 무대 공포증에 압도된 뜨거운 자신을 예측하지 못했기 때문이다. 물론 대부분의 경우 주인공은 마음을 다잡고 꿈을 이루는 행복한 결말을 맞이한다.

어째서 차가운 자아는 뜨거운 자아의 선호나 행동을 예측하지 못할까? 이전에 배고픔이나 공포를 느낀 적이 많았을 텐데. 과거의 경험을 회상하면 자신이 미래에 어떻게 행동하고 반응할지 잘 알 것 같은데 그렇지 않다. 그 이유는 사람들이 기억하지 못하기 때문이다.

이런 농담을 들은 적이 있다. 엄마들이 첫째 아이를 출산할 때 얼마나 아팠는지 기억하지 못해서 둘째를 낳는다는 말이다. 처음 이 말을 들었을 땐 내가 출산하기 전이었기에 잘 이해하지 못했다. 출산의 고통은 인간이 경험할 수 있는 극심한 통증으로 다섯 손가락 안에 꼽히는데 잊을 수 있는지 의아했다. 하지만 지금은 이해한다. 내가 기억하는 것은 '출산할 때 역대 최고로 아팠다. 괴성을 지를 정도로 아팠다'와 같은 고통의 강도나 당시 상황에 대한 정보다. 그 강렬한 고통 자체를 몸에서 생생히 기억하는 것은 아니다.

벼락치기는 실패한다

그럼 벼락치기 이야기로 돌아가보자. 뜨거운 자아와 차가운 자아의 간극이 정말 시험공부 계획을 망칠 수 있는 걸까? 여기에 힌트를 줄 수 있는 흥미로운 연구가 있다. 충동을 조절할 필요가 있는 상황은 충동이 발생했을 때다. 즉, 뜨거운 자아 상태일 때 충동을 조절해야 한다. 벼락치기의 맥락에서는, 공부해야 하지만 피곤하고 졸릴 때가 충동 조절이 필요한 상황이다. 따라서 학생들은 차갑고 충동적이지 않은 상태일 때, 즉 정신이 맑을 때는 충동 조절 능력을 과대평가한다. 졸려도 커피 마시며 참을 수 있고, 초콜릿으로 당을 보충하며 집중할 수 있다고 믿는다. 반면 지친 학생은 충동이 실제로 발생하는 뜨거운 상태에서 미래의 뜨거운 자아를 상상하므로 자거나 눕고 싶은 충동을 이겨내기 힘들 수 있겠다는 보다 현실적이고 정확한 예측을 할 수 있다.

실제로 그런지 알아보기 위해 연구자들이 대학생들을 대상으로 실험을 했다. 실험 참가자를 두 집단으로 나누고, 한 집단에게는 힘든 숫자 암기 과제를 20분 동안 시켰다. 무작위 순서로 제시되는 여러 숫자를 시간의 압박 속에서 외우는 과제였다. 20분간 이런 문제를 계속 풀면 지치고 스트레스를 받을 것이다. 연구진은 다른 집단에게는 숫자 외우기 과제를 2분만 시켰다. 잠깐 재미로 해보는 수준이다. 예상대로 짧은 시간 동안 숫자 암기를 한 집단은 피로해지지 않았다. 이후 연구진은 모든 참가자에게 다음 학기 공부 계획을 세우도록 하며, 공부 분량의 몇 퍼센트를 마지막 주에 몰아서 할 것인지 물었다. 더 많은 분량을 마지막 주에 공부하겠다고 할수록 벼락치기의 비중을 더 높였다고 할 수 있다. 연구진은 학생들에게 자신이 얼마나 충동을 잘 조절한다고 생각하는지도 물었다.

결과는 예상대로였다. 집중적인 숫자 암기 때문에 지쳐버린 뜨거운 상태의 학생들은 자신의 충동 조절 능력을 과신하지 않았기에 마지막 주에 벼락치기하겠다는 생각을 적게 했다. 공부 분량을 미리 잘 분배하겠다고 계획한 것이다. 반면 지치지 않고 차가운 상태였던 학생들은 자기가 충동을 잘 조절한다고 과신해서 벼락치기 비중을 더 높였다.

이제 우리는 알고 있다. 마지막 주에 더 많이 공부하겠다고 몰아넣을수록 결과는 좋지 않을 것이라는 사실을. 즉, 실제로 충동을 조절해야 하는 상태, 공부하다 보면 마주하는 상태인 피곤하고 졸린 미래의 뜨거운 자아를 더 잘 이해해주고 배려해주는 것은 현재의 뜨거운 자아다.

의사 결정을 잘하는 법

미래의 자신을 잘 예측하고 오류를 방지해서 더 나은 의사 결정을 하는 방법은 무엇일까? 하나는 사전에 계획할 때 실제로 그 일을 수행할 때의 상태가 되어보는 것이다. 대학생이 중간고사를 마치고 기말고사 공부 계획을 세운다면, 오랫동안 집중력을 발휘해 공부했을 때의 상태, 즉 피로하고 집중력이 떨어진 상태로 자신을 맞춘 후 계획을 세우는 것이 좋다. 공부에 지쳐 피곤한 뜨거운 자아를 보다 정확히 예측해서 마지막 순간에 벼락치기하지 않도록 계획을 잘 분배하는 데 도움이 될 것이다. 다이어트를 한다면 배고픈 상태에 맞추고 계획을 세우자. 간식의 유혹에 넘어가지 않도록 치워버리거나, 충동에 따라 과식할 미래의 뜨거운 자아를 통제할 수 있는 계획을 세우는 데 도움이 될 것이다.

또 다른 방법은 자신의 통제 능력을 과신하지 않는 것이다. 사람들은 대체로 차가운 자아 상태일 때가 많다. 따라서 뜨거운 자아가 충동, 감정에 따라 행동하려 할 때 통제하는 능력을 과신할 가능성이 훨씬 많다. 이제 흥분과 냉정 사이에 감정적 간극이 있다는 사실을 알았으니 자신의 통제력을 과신하지 않도록 조심할 수 있을 것이다.

16강.

내로남불은
왜
일어날까

기본 귀인 오류

fundamental attribution error

'내가 하면 로맨스, 남이 하면 불륜', 줄여서 '내로남불'. 대한민국에 모르는 사람이 없는 이 유행어는 일상 용어로 자리 잡았다고 해도 과언이 아니다. 일석이조, 우이독경 같은 고사성어라고 착각할 만큼 네 글자로 딱 떨어지고 입에 붙기 때문에 더 널리 사용되는 것 같다. 어떤 단어가 사회에서 많이 사용되는 이유는 사회를 잘 설명해 주기 때문이다. 그만큼 현재 대한민국엔 '내로남불'이라 불릴 만한 일이 많다.

    내로남불을 고사성어처럼 풀이하면 '다른 사람을 엄격하게 질책했던 잣대를 스스로에게 적용하지 않고 관대하게 대하는 이중 잣대를 지닌 사람을 비꼬는 말' 정도일 것이다. 사실 이 뜻을 정확히 나타내는 고사성어는 따로 있다. 아시타비(我是他非). '나는 옳고 타인은 그르다'라는 말이다. 내로남불과 마찬가지로, 같은 일을 해도 나는 괜찮고 남은 안 된다는 뜻이다. 게다가 아시타비는 대한민국 교수들이 2020년에 '올해의 사자성어'로 선정했을 만큼 최근의 사회를 잘 반영하고 있다. 안타까운 말이지만 우리 사회는 지금 나는 괜찮고 너는 안 된다는 이중 잣대가 난무하고 있다.

모든 사람이 빠지는 함정

내로남불 하면 누가 가장 먼저 떠오를까? 정치인을 떠올리는 사람이 많을 것이다. 그러나 정치인들의 행동이 언론에 많이 노출되고 주목받기 때문에 더 쉽게 떠오르는 것일 뿐이다. 정도의 차이만 있을 뿐 내로남불에서 자유로운 사람은 거의 없다. 나는 아니라고, 언제나 다른 사람과 나에게 똑같은 잣대를 적용한다고 생각하는 사람이 있다면 스스로에게 관대하다는 사실을 의식하지 못하는 것일 뿐이다. 그럴 수밖에 없다. 사람의 근본적 심리가 그렇게 작동하기 때문이다.

먼저 나의 예를 들어보겠다. 남편과 나는 번갈아 가며 육아를 한다. 내가 집안일을 하다가 문득 고개를 돌려 딸과 남편을 보면 남편이 스마트폰을 들여다보고 있을 때가 있다. 내가 아이에게 집중하라고 잔소리를 하면 남편은 억울해한다. 같이 놀다가 지금 급한 문자가 와서 답장을 보내고 있었단 것이다. 이번엔 내가 딸과 놀아주는 시간이다. 딸과 함께 앉아 있지만 스마트폰에 고개를 파묻고 있던 나는 문득 정신을 차린다. '나부터 스마트폰을 치워야겠구나.' 딸과 함께 있을 때 스마트폰을 보는 것은 마찬가지인데 남편에게만 잔소리했던 것이다.

    부모들은 자녀를 대할 때 자주 내로남불에 빠진다. 한 외국 드라마의 장면을 예로 들어보자. 어느 가족이 식탁에 모여 저녁 식사를 하고 있다. 딸이 친구들과 문자를 주고받으며 가족과 대화하지 않자 엄마가 "식사 시간에는 전화 안 쓰기로 했는데"라고 말한다. 딸은 반항기 섞인 표정으로 스마트폰을 탁 내려놓으며 한숨을 쉰다. 잠시 후 엄마의 직장으로부터 전화가 온다. 이번에는 엄마가 딸의 눈치를 보며 말한다. "이 전화는 꼭 받아야 해. 중요한 일이라." 딸은 이렇게 말한다. "괜찮아요. 어른들이 아이들한테 지키라고 만든 규칙을 스스로는 안 지키는 거 많이 봤어요."

    운전대를 잡고 있을 때도 내로남불은 자주 일어난다. 과속하며 주변 차들 사이를 뚫고 지나가는 자동차를 발견하면 어떤가? 그 차의 운전자를 비난할 것이다. 그러나 자신도 과속할 때가 있다. 물론 그럴 만한 이유가 있다. 시간이 급하거나, 아픈 아이를 태웠거나, 심지어 화장실이 너무 급할 수도 있다. 어쨌든 자신이 과속하는 데는 이유가 있다. 어쩌다 한 번 어쩔 수 없을 때나 하는 일이다. 그러나 방금 내 옆을 쌩 지나간 저 차는 진짜 문제다.

내게 관대하고 남에겐 엄격한 이유

이처럼 만연해 있지만 의식조차 못하는 내로남불은 왜 생겨날까? 그 바탕에 인간의 기본적이고도 근본적인 심리 현상이 작용하기 때문이다. 바로 다른 사람이 행동하는 원인을 과도하게 성격이나 개인적 특성에서 찾는 반면 환경이나 상황의 영향을 과소평가하는 기본 귀인 오류fundamental attribution error다.

    사람들은 어떤 사건이나 행동을 유발한 원인이 무엇인지를 의식적, 무의식적으로 찾아내려 한다. 이처럼 사건이나 행동이 발생한 원인을 찾아내는 것을 귀인(歸因)attribution이라 한다. 예를 들어 한 학생이 수업 시간에 지각했다면 원인은 다양할 수 있다. 대부분의 행동에는 개인의 성격과 환경 모두가 영향을 미치기 때문이다. 학생이 게으른 성격 때문에 꾸물거리다 늦었을 수도 있다. 아니면 미리 수업 시간을 확인하지 않은 탓에 시간을 착각했다가 늦었을지도 모른다. 또는 제시간에 맞춰 출발했으나 예상치 못한 사고가 일어났을 수도 있다. 이처럼 어떤 일에는 다양한 원인의 가능성이 존재하는데, 이때 생각하는 원인이 바로 귀인이다. 학생의 게으름이나 덜렁거림 같은 성격이나 경향이 원인이라고 생각하는 것을 '내적 귀인internal attribution'이라 한다. 사람의 내적 요인이 행위에 영향을 미쳤다고 믿는 것이다. 반대로 상황이나 맥락 때문에 지각했다고 생각하는 것은 '외적 귀인external attribution'이다. 행위자의 외적 요인이 행위의 원인이라고 보는 것이다.

사람들은 다른 사람의 행동에 대해 귀인할 때 일관되고 예측 가능한 방향으로 오류를 일으킨다. 예측 가능한 방향이란 내적 귀인은 더 많이, 외적 귀인은 더 적게 하는 것이다. 이것이 기본 귀인 오류다. 따라서 교수가 지각한 학생을 보며 기본 귀인 오류를 저지른다면 '저 학생은 게으른 성격 때문에 수업에 늦었다'라고 생각할 것이다. 지각에 영향을 미치는 다양한 외적 요인이 존재함에도 불구하고 '이 학생이 지각한 이유는 갑자기 비가 와서 평소보다 길이 막혀서일 거야'라고 생각하며 외적 상황을 감안하는 귀인을 할 가능성은 적다. 예측하지 못한 상황이나 정황이 있었는지는 별로 고려하지 않는다. 고려한다 해도 상황이 미쳤을 영향의 실제 정도에 비하면 훨씬 적게 감안한다. 교수는 지각한 학생을 그의 행동 자체라고 가정하고, 그 학생은 '지각하는 사람'이 되어버린다. 지각은 그의 정체성이 된다.

문제는 그렇게 생각하는 교수도 사람이므로 지각할 수 있다는 것이다. 개인적 약속이나 병원 예약, 회의 등에 늦는 일이 생길 수도 있다. 그러나 교수는 스스로에게 '일이 너무 바빠서 시간 가는 줄 몰랐네', '출퇴근 시간에 걸려서 차가 너무 막혔어' 같은 면죄부를 준다. 자신의 지각은 내적 속성, 즉 게으름이나 시간 관념 부족 등 때문이 아니다. 원래 약속 시간을 잘 지키지만, 예측할 수 없고 피할 수도 없는 불의의 외적 영향으로 인해 어쩔 수 없이 늦었다고 생각한다. 자신의 부정적 행동에 대해서는 내적 귀인보다 외적 귀인을 통해 정상 참작을 많이 해주기 때문이다. '내 지각은 상황 때문에 어쩔 수 없었고, 네 지각은 네가 게을러서야.' 이렇게 내로남불이 완성된다.

여기까지 알고 나면 이것이 궁금해진다. 왜 사람들은 남의 상황이나 맥락 등의 정상을 제대로 참작하지 못할까? 자신에게는 상황이라는 핑계를 잘만 적용하면서 말이다. 그 이유는 다른 사람의 환경과 맥락이 자신에게 두드러지지 않기 때문이다. 지각해서 허겁지겁 숨을 몰아쉬며 강의실에 들어온 학생을 보면 늦게 들어온 그 인물이 보일 뿐 그가 등굣길에 겪었을지도 모르는 교통 체증이나 다른 상황들은 보이지 않는다. 하지만 학생 입장에서는 지하철을 타러 달려가는 길에 갑자기 운동화 끈이 풀려 넘어지고, 끈을 다시 묶고 지하철을 놓치지 않기 위해 전속력으로 달려가고, 1초 차이로 지하철을 놓치고 안타까워 발을 동동 구른 순간들이 너무나도 생생하다. 행위 주체에게는 맥락이 두드러지기에 환경적 요인들이 결과의 원인이 되었다고 생각하기 쉽다. 하지만 관찰자 입장에서는 행위 주체의 환경적 요인을 고려하기 어렵다. 자연스럽게, 판단하는 시점에 두드러진 자극이 결과의 원인이라고 생각하게 된다.

흥미롭게도, 동서양 문화를 비교한 심리학 연구 결과들은 한국 같은 동아시아 집합주의 문화에서는 서양의 개인주의 문화에 비해 기본 귀인 오류가 덜 일어난다는 것을 보여줬다. 집합주의 문화는 개인의 독립성과 독특함보다는 집단 속에서의 관계와 역할, 조화를 중요시한다. 즉, 집합주의 문화권에서 살아가는 한국인은 기본적으로 개인의 내면을 들여다보기보다는 주변 맥락과 환경, 관계적 역동에 주의를 기울인다. 따라서 맥락을 덜 고려하는 기본 귀인 오류를 미국인이나 캐나다인보다 적게 일으킨다. 서양 사람보다는 한국 사람이 타인의 행위에 대해 정상 참작을 약간 더 해준다고 볼 수 있다.

이처럼 문화적 영향을 감안해도 기본 귀인 오류는 참으로 근본적인 심리이기에 집합주의 문화권 사람들에게서도 흔히 볼 수 있다. 이 오류는 하루에도 여러 번씩 일어난다. 다른 사람의 행동에 대해 생각할 때 피치 못할 환경이나 이유가 있는지를 우리 자신을 대할 때처럼 생각해보자. 나의 내로남불부터 하나씩 줄여나갈 수 있도록 말이다.

17강.

피해자를
비난하는
2차 가해

방어 귀인과 공정한 세상에 대한 믿음

defensive attribution & belief in a just world

2014년 가을 성남시 판교의 한 야외 공연장에서 대형 사고가 발생했다. 유명 가수들의 공연을 보기 위해 지하철 환풍구 위에 서 있던 사람들이 10여 미터 아래로 추락하여 16명이 사망하고 많은 사람이 다쳤다. 1천 명이 넘는 관객이 몰려 공연을 관람하는 상황에서 많은 사람이 환풍구 뚜껑 위에 서 있었는데, 무게를 견디지 못한 뚜껑이 지하 4층 아래로 떨어진 것이다.

사고 규모가 컸고 사고 내용도 놀라웠기에 뉴스에 등장한 후 한동안 큰 이슈가 되었다. 내게도 이 사고는 무척 충격적이었다. 내가 살았고 지금도 부모님이 사시는 동네 근처이기 때문이었다. 사고 장소는 내가 잘 알고 한때 지나다니기도 했던 곳이기에 내게 심리적으로 큰 영향을 미쳤다.

이외에도 판교 환풍구 사고가 기억에 남는 이유가 있다. 바로 네티즌들의 반응 때문이다. 뉴스에 달린 댓글들의 주된 분위기는 환풍구 위에 서 있던 사고 피해자들을 비난하는 쪽으로 형성되어 있었다. 하지 말라는 짓을 해서 저렇게 되었다, 안전 요원의 말을 왜 따르지 않았나, 안전 불감증이다 등으로 표현은 다양했으나 결국 핵심은 사고를 당한 원인은 피해자 스스로에게 있다는 것이었다.

그러나 사고가 발생한 상황을 살펴보면 피해자들이 안전 요원의 말을 무시하거나 안전 불감증이 심각한 사람들이 아니라 평범한 시민임을 알 수 있다. 추락한 환풍구 뚜껑은 옆의 화단과 같은 높이에 있었고, 접근하지 못하도록 막아놓은 안전장치도 없었다. 사고를 당한 시민들이 규칙을 어기다가 안타까운 일을 당한 것은 아니었다. 게다가 당시는 1천 명 이상이 몰려 있어서 상황이 복잡하고 소란스러웠다. 대부분이 자신의 발밑을 보기보다는 가수들이 공연하는 무대에 집중하고 있었다. 따라서 자신이 환풍구 위에 있다는 것을 의식하지 못한 사람도 많았을 것이다.

요약하면, 피해자들이 사고를 자초했다고 비난하는 것은 옳지 않다. 만약 내가 그 거리를 지나가고 있었다면 분위기에 휩쓸려 환풍구 뚜껑에 올라서지 않았을 것이라고 확신할 수 없다. 그렇기에 피해자들을 비난하는 댓글을 보며 마음이 아팠고, 가족을 잃은 슬픔에 사람들의 비난까지 이겨내야 하는 유가족이 더 큰 2차 피해를 입을지도 모른다고 생각했다.

피해를 자초했다고?

그런데 궁금하지 않은가? 사람들은 왜 특정한 사고가 발생하면 피해자가 잘못했다고 탓하고, 특정한 범죄가 발생하면 가해자보다는 피해자를 비난할까? 그 이유는 자신이 취약하다고 느끼고 싶지 않기 때문이다. 자신이 위험에 노출되었다고 생각하면 불안과 공포를 느끼므로, 안전하다고 스스로 위안하고 싶은 마음 때문에 피해자를 꾸짖는 일이 나타난다. 이처럼 어떤 행동이나 사건을 설명할 때 방어적인 방식으로, 즉 취약성이나 죄책감 같은 부정적인 느낌을 피하는 방식으로 귀인하는 것을 방어 귀인defensive attribution이라 한다.

판교 환풍구 사고가 발생한 원인을 생각할 때 '올라가선 안 될 곳에 올라간 몇몇 사람의 무책임한 행동 때문에 일어난 사건'이라고 귀인한다면 사고 피해자들을 비난하게 된다. 반면 '유명 가수의 공연으로 인해 흥분되어 있던 현장 상황, 환풍구 구조로 인해 위험성을 지각하기 어려웠던 환경 때문에 발생한 사고'라고 귀인하면 피해자에 대한 연민과 안타까움을 느낄 것이다. 이처럼 사건이나 사고에 대해 귀인하는 방식에 따라 피해자를 대하는 태도가 달라진다.

이때 환풍구 시설에 대한 안전 점검이 불충분하고, 사람이 접근하지 못하도록 막는 제도가 없다면 누구든 위험에 노출될 수 있다는 불안을 경험할 수 있다. 왜냐하면 우리가 살아가는 전국 곳곳에는 지하철 환풍구를 비롯한 각종 맨홀이 널려 있기 때문이다. 그런데 길에 있는 구멍들에 대한 안전 점검이 미흡해서 걸어가다가 빠지거나 떨어질 위험이 있다면 우리도 취약함에 노출된다.

반면 사고 원인이 피해자의 부주의 같은 특성 때문이라고 귀인한다면 자신은 안전하다고 쉽게 위안할 수 있다. '나는 책임감 있고, 안전 불감증에 빠져 있지도 않으니까 괜찮아'라고 생각하면 안정감을 느낄 수 있다.

안정감을 찾는 것 자체는 잘못이 아니다. 사람은 누구나 안정감을 느끼며 살고 싶어 한다. 그렇기에 이 세상이 정의롭고 공정하며, 자신에게 합당한 일을 겪으며 살아간다고 믿고 싶어 한다. 이것이 '공정한 세상에 대한 믿음belief in a just world'이다. 그러니 누군가에게 나쁜 일이 생기면 '그런 일을 당할 만하니까 당했겠지'라고 믿는 일도 생긴다. 좋은 사람에게도 나쁜 일이 생기는 세상에서 살아간다는 생각은 세계관 자체를 위협하므로, 방어적으로 피해자를 꾸짖음으로써 세상은 정의롭다는 안정감을 되찾으려 한다.

그러나 스스로를 보호하기 위한 동기에서 비롯한 방어적 귀인은 역설적으로 스스로를 더 큰 위험에 노출시키는 결과로 이어진다. 그런 사고는 잘못된 선택이나 실수를 한 사람에게 일어난다고 귀인하고, '나는 조심하니까 그런 일은 안 생겨'라고 생각하면 안전 불감증에 빠질 수 있기 때문이다. 그래서 자신이 비난하던 피해자들에게 부여한 특성인 안전 불감증을 자신이 지니게 될 수 있다.

피해자에 대한 비난이 가장 빈번하게 일어나는 범죄 유형은 성범죄다. '옷을 어떻게 입어서', '늦은 시간에 돌아다녀서' 또는 '행실이 바르지 못해서' 등 여러 가지 이유로 피해자가 어떻게든 범죄 피해를 자초했다고 비난하기 일쑤이다. 다행히 점차 사람들의 의식 수준이 높아져서 오늘날엔 피해자를 비난하는 언행을 '2차 가해'로 정의하고, 사라져야 할 부정적인 현상으로 여기고 있다. 실제로 수십 년 전에 비하면 훨씬 적어졌으나, 피해자에 대한 보이지 않는 꾸짖음까지 사라진 것은 아니다.

뿐만 아니라 사기 범죄 피해자들은 욕심이 과하거나 어리석어서 당했다는 등의 인식도 여전하다. 심리학 연구 결과에 따르면 공정한 세상에 대한 믿음이 강한 사람일수록 가난이나 질병으로 고통받는 사람들을 더 많이 비난한다.

한편 공정한 세상에 대한 믿음은 긍정적인 결과를 얻은 사람에 대해 과도하게 긍정적인 인상을 갖게 만든다. 공정성에 대한 믿음이 강하면, 예컨대 온전히 운으로 결정되는 복권 당첨자에 대해서도 '받을 만한 사람이다, 자격 있는 사람이다'와 같이 긍정적으로 평가한다.

공정한 세상에 대한 믿음의 긍정적 효과

여기까지만 보면 세상이 공정하다는 믿음은 나쁜 짓 같다는 인상을 지울 수 없다. 물론 사실은 그렇지 않다. 일반적으로 방어적 귀인 등은 피해자를 비난하게 만드는 역할을 할 수도 있지만, 그에 못지않게 긍정적인 효과도 많다.

우선 사람들이 왜 공정성을 믿는지부터 생각해보는 것이 좋다. 이 세상에서 좋은 사람에게 좋은 일이 일어나고 나쁜 사람에게 나쁜 일이 일어난다는 사필귀정(事必歸正)을 믿지 않는다면 사람들은 큰 혼란에 빠질 것이다. 그렇기에 사람에게는 세상을 살아가기 위한 질서가 필요하다. 또한 삶을 열심히 영위하기 위한 의미가 필요하다. 이때 정의로운 세상에 대한 믿음이 삶의 의미를 제공하는 심리적 자원이 된다. 특히 '세상은 나에게 공정하다'라고 믿는 '나에 대한 공정성의 믿음'이 강할수록 낙관적이고, 다른 사람들과도 친밀하고 신뢰하는 관계를 형성할 수 있다.

초·중·고등학생들을 대상으로 한 연구를 보면 공정한 세상에 대한 믿음이 강할수록 학급 친구를 적게 괴롭힐 뿐 아니라, 괴롭힘당하는 친구에 대한 방어 행동도 더 많이 한다. 신기한 일이다. 앞서 이야기한 논리에 따르면 세상이 공정하고 사람은 자기가 당할 만한 일을 당한다고 믿을수록 학교폭력이나 왕따 피해 학생을 더 비난하고 '그럴 만하다'라고 생각할 것 같은데 말이다. 오히려 그 반대다. 이유는 뭘까? 일반적으로 범죄나 사고 등의 피해자에 대한 비난은 상대방을 모르는 상태에서 일어난다. 비난당하는 인물뿐 아니라 배경과 이야기도 모른다. 그렇기에 불행한 일을 당한 것을 보니 그럴 만한 이유가 있을 거라고 생각해버리기가 쉽다. 하지만 학급 친구들은 다르다. 학교에서 계속 상호작용하고 생활 공간을 공유하기 때문에 괴롭힘당하는 친구를 잘 안다. 그렇기에 공정한 세상에 대한 믿음이 강할수록 '저 친구는 괴롭힘당할 만한 아이가 아니야. 좋은 친구이니 저것보다 좋은 대접을 받아야 해'라고 생각한다. 이런 생각이 괴롭힘당하는 친구에 대한 방어 행동으로 나타나고, 다른 학생들을 괴롭히는 일은 더 적어진다.

이뿐만이 아니다. 학교에서 괴롭힘당하는 학생의 경우에도 공정한 세상에 대한 믿음은 어려움을 이겨내는 심리적 자원이 될 수 있다. 공정성에 대한 믿음, 특히 세상이 자기에게 공정하다는 믿음이 강할수록 스스로를 폭력의 피해자로 여기지 않았다. 어려움과 스트레스 속에서도 낙관적인 태도로 삶을 바라보고 이겨낼 수 있는 심리적 힘이 있기 때문이다.

칼과 꽃

공정성에 대한 믿음 자체는 선도 악도 아니다. 이 믿음은 심리적 장점과 기능도 발휘하고, 이러한 장점을 누리기 위해서는 사회적 비용도 치러야 한다. 이 세상에 존재하는 대부분의 것들에 양면이 있듯이 말이다. 희망적인 것은 세상이 정의롭다는 믿음이 피해자에 대한 비난이나 2차 가해로 이어지지 않고 오히려 어려움에 처한 사람들을 돕는 친사회적 행동의 원동력으로 작용할 수도 있다는 연구 결과들이다. 그 차이는 상대에 대한 관심과 사랑이다. 상대에게 관심을 가지고 이해하려 한다면 공정성에 대한 믿음이 상대를 겨누는 칼이 아니라 상대에게 베푸는 꽃이 될 수 있을 것이다.

18강.

거울아 거울아, 누가 제일 예쁘지?

자기도취와 자기 매력에 대한 착각

narcissism

"거울아 거울아, 세상에서 누가 제일 예쁘지?" 백설공주의 새엄마인 사악한 왕비가 마법의 거울 앞에서 이렇게 묻는다. 거울에 비친 모습을 들여다보고 있노라면 자신이 세상에서 가장 아름다운 사람이 아닐 가능성은 상상조차 할 수 없다. 그러나 "여왕님이 가장 아름답습니다"라는 평소의 응답과는 달리 언제부터인가 거울은 "백설공주가 가장 아름답습니다"라고 대답한다. 가장 아름다운 여인의 자리, 어쩌면 '왕비'라는 타이틀보다 훨씬 중요했을 그 자리에서 내려와야 했던 왕비의 마음은 어땠을까? 분노에 사로잡힌 왕비는 다시 미모 1위를 차지하기 위해 세상에서 가장 아름답다는 의붓딸을 죽이려고 한다.

세상에서 가장 유명한 동화라 해도 과언이 아닐 백설공주 이야기의 한 장면이다. 이야기 속에서 자기가 가장 아름답다고 생각한 사악한 왕비에게 '착각은 자유'라고 말해주고 싶다. 그런데 외모에 대한 '자유로운 착각'은 과연 사악한 여왕만의 것일까? 그렇지 않다는 것을 우리는 이미 '경험칙'으로 어느 정도 알고 있다.

실제보다 예쁘다는 착각

백설공주 이야기의 왕비처럼 사람들은 '내가 지구에서 제일 아름다워' 수준까지는 아니더라도 자기의 객관적 매력도보다 스스로를 더 매력적이라고 착각한다. 무척 흔한 착각이다.

　이렇게 쓰고 있는 나 자신도 착각에서 자유로울 수 없다. 우리 주위엔 예쁘고 멋진 자신의 모습만 남기고 싶어서 끊임없이 '셀피'를 찍어대는 '셀카 공주'들, 자신의 아름다운 모습을 자꾸만 바라보고 싶어서 수시로 거울을 쳐다보는 '거울 왕자'들이 한두 명씩(또는 수없이) 있기 마련이다. 셀카 공주와 거울 왕자의 특징은 자기 모습이 가장 매력적인 각도와 조명, 포즈와 표정을 잘 알고 그 모습을 구현한다는 것이다. 이 글을 읽는 지금 누군가를 머리에 떠올리는 독자가 많을 것이다. 또는 '이거 나네…'라고 생각할지도 모르겠다.

　요즘은 보정 기능이 탑재된 애플리케이션 카메라로만 사진을 찍는 사람도 적지 않다. 보정 기술들이 너무도 발전해서 얼굴의 단점을 감쪽같이 보완하고 장점을 부각시킨다. 이렇게 평소에 더 예뻐 보이게 해주는 애플리케이션으로 완벽한 각도에서 사진과 영상을 찍다 보면 보정된 모습을 원래 외모라고 생각하게 된다. 그러다가 준비되지 않은 시점과 각도에서 보정 없이 촬영된 사진을 보면 "내가 이렇게 생겼어?" 하며 새삼 냉혹한 현실을 마주하게 된다. 이때는 '설마, 내 모습이 정말 이렇진 않겠지. 안 좋은 각도에서 잘못 찍혀서 그래'라고 생각하며 스스로를 위로하고 현실을 부정하기도 한다. 이처럼 자신의 외모를 매력적이라고 생각하는 것은 이상한 것도 부끄러운 것도 아니다. 오히려 매우 흔하고 자연스러운 심리다.

자신을 매력적으로 보는 경향

심리학 연구 결과들은 대부분의 사람들이 이런 착각을 한다는 것을 보여준다. 미국 심리학자들이 컴퓨터 프로그램으로 변형한 사진 자극을 이용해 실험을 했다. 연구자들은 먼저 남녀 참가자들의 얼굴 사진을 찍었다. 그리고 몇 주 뒤에 참가자들을 다시 실험실로 불렀다. 그 사이에 연구자들은 각 참가자의 얼굴을 아주 매력적인 얼굴 또는 아주 매력 없는 얼굴 사진과 합성하여 총 10장의 사진을 만들었다.

합성 방법은 이렇다. 참가자의 진짜 얼굴에 무척 매력적인 동성의 얼굴을 합성하되, 합성 비율을 각각 10퍼센트, 20퍼센트, 30퍼센트, 40퍼센트, 50퍼센트로 정해서 사진 다섯 장을 만들었다. 참가자의 얼굴에 매력적인 얼굴이 10퍼센트 더해진 사진보다는 50퍼센트 더해진 사진이 더 매력적으로 보였다. 이렇게 해서 진짜 얼굴보다 점점 더 예뻐지거나 잘생겨지는 '매력적 합성 사진' 다섯 장이 만들어졌다. 연구진은 반대로 매력도가 매우 낮은 얼굴 사진도 참가자의 진짜 얼굴과 합성했다. 실제 얼굴로부터 10퍼센트, 20퍼센트, 30퍼센트, 40퍼센트, 50퍼센트 덜 매력적인 얼굴 사진이 만들어졌다. 이렇게 하여 가장 매력 없는 사진부터 가장 매력적인 사진까지 11단계가 만들어졌다. '매력 없는 합성 사진' 다섯 장, '매력적인 합성 사진' 다섯 장, 참가자의 사진 원본 한 장까지 총 11장이었다.

연구자들은 참가자에게 11장의 사진을 보여주며, 합성되지 않은 자신의 '진짜 얼굴'을 고르도록 했다. 결과는 놀라우면서도 어찌 보면 당연했다. 참가자들이 매력적으로 합성된 사진을 자신의 '진짜' 모습이라고 선택하는 경향이 두드러졌다.

연구자들은 이번엔 조금 다른 방식으로 비슷한 질문을 던졌다. 11장을 무작위로 하나씩 보여주며 각각의 사진이 자신의 진짜 모습이라고 얼마나 확신하는지를 물었다. 흥미롭게도 참가자들은 앞선 질문에 대해서와 비슷하게 답했다. 원본 사진을 보고 '오, 내 실제 얼굴이구나! 보니까 알겠네!'라고 확신하는 정도는 50퍼센트 정도에 불과했다. 대신 실제보다 20퍼센트 매력적으로 합성된 사진을 실제 모습이라고 확신하는 정도는 70퍼센트에 가까웠다. 진짜보다 20퍼센트 아름다운 모습이 자기라고 '확실하게' 착각한 것이다.

이 결과를 보면서 우울하고 비참한 기분이 들지도 모른다. '내 진짜 외모는 내 머릿속의 모습보다 20퍼센트나 덜 매력적이구나…'

하고 생각하게 만드니 말이다. 받아들이기는 싫지만 한편으로 말이 된다고 고개를 끄덕이게 되기도 한다. 스스로의 모습을 객관적으로 볼 일이 생각보다 많지 않기 때문이다. 거울이나 카메라로 자기 얼굴을 볼 수 있는 시간은 다른 사람들의 얼굴을 보는 시간에 비해 극히 적다. 따라서 자기 얼굴은 상상 속에서 떠올릴 때가 더 많고, 그 얼굴의 근거는 아마도 최근 찍어서 잘 나온 사진, 아니면 오늘 집을 나서기 전에 화장실 조명을 받으며 완벽한 각도로 들여다본 거울 속 베스트 버전일 것이다. 따라서 나의 마음속에서는 얼마든지 외모를 더 아름답게 만들 수 있다.

자신을 가치 있게 여기는 이유와 결과

자신을 아름답다고 생각하는 사람 하면 떠오르는 인물이 있다. 연못에 비친 자기 모습에 반해서 뚫어져라 쳐다보다가 결국 물에 빠져버린 그리스 신화의 나르키소스$_{\text{Narcissus}}$다. 그의 이름에서 따온 나르시시스트$_{\text{narcissist}}$는 자기도취적이거나 자기애적인 사람을 의미한다. 자기애적 특성이 강한 사람은 스스로를 실제보다 과도하게 뛰어나게 여기는 자기관을 지니며, 남들보다 우대받기 바라는 자기중심성이 있다.

  한국인을 대상으로 한 연구에 의하면 자기애적인 사람은 사진 속의 자기 모습을 다른 사람들보다 더 매력적으로 여긴다. 그리고 인스타그램에 자신이 등장한 사진을 더 많이 올리고, 프로필 사진도 더 자주 바꾼다. 스스로를 실제보다 아름답거나 멋지다고 생각하며 과시하고 싶은 심리에서 이렇게 행동한다.

그러나 과하게 자기도취적인 수준이 아니라면 자신을 매력적으로 생각하는 것은 나쁜 일이 아니다. 오히려 좋은 측면이 있다. 왜냐하면 사람들은 암묵적으로 자신을 가치 있게 여기고, 스스로를 좋아할수록 자기 모습이 매력적이라고 생각하기 때문이다. 앞에서 이야기한 11장의 사진을 사용한 연구에 따르면, 매력적으로 합성된 사진을 자기 모습이라고 생각하는 사람일수록 암묵적 자존감이 높았다. 다시 말하면, 무의식적으로 스스로를 더 가치 있게 여기고 좋아할수록 자기 외모를 실제보다 매력적으로 생각한다.

마음 한켠에 위안이 되는 결과다. 자신을 가치 있고 소중하게 여기면 스스로의 외모도 더 매력적으로 여긴다. 생각해보면 이 정도의 귀여운 착각은 자신 있게 살아가는 데 도움을 준다. 성형 수술을 한 사람 중 많은 수가 다른 사람들에게 매력적으로 보여서 좋다기보다 외모에 대한 자신감을 얻어서 기쁘다고 이야기한다. 이러한 결과들을 보면 사람은 이미 마음속으로 성형하며 자신감을 얻고 살아간다.

오늘도 화장실 조명 아래에서 거울을 보며 '괜찮은데~?'라고 생각하는 많은 사람에게 한 미용 제품 광고의 카피를 본떠서 이렇게 말하고 싶다.

"당신은 소중하니까요."

19강.

몸과 마음은 대화한다

위약 효과와 체화된 인지

placebo effect & embodied cognition

누구나 한번쯤은 학창 시절 자율학습 시간에 빠지고 싶은 날이 있었을 것이다. 그때 마음에 시동을 걸어서 아무래도 머리가 아프고 컨디션이 안 좋다고 스스로 최면을 걸면 신기하게도 잠시 후 머리가 지끈거리고 몸이 무거워진다. 그럼 이렇게 생각한다. '실제로 몸이 안 좋네. 이 정도면 조퇴하겠다고 이야기할 수 있겠다.' 성공적으로 조퇴를 허락받으면 언제 몸이 안 좋았나 싶게 컨디션이 좋아져서 상쾌하고 가벼운 몸과 마음으로 돌아온다.

마음이 몸에 미치는 영향

꾀병으로 증상을 만들어낸 경험을 보면 몸과 마음은 연결되어 있음을 알 수 있다. 비슷한 현상은 꾀병뿐 아니라 많은 곳에서 찾아볼 수 있다. 대표적인 예가 위약 효과 또는 플라시보 효과placebo effect다. 진짜 약인 줄 알고 위약(僞藥)을 먹은 환자들의 병세가 실제로 호전된다. 또는 가짜 치료법으로 치료받아도 진짜로 치료받은 것처럼 증상이 사라지고 상태가 좋아진다.

어떻게 이런 일이 일어날 수 있을까? 바로 기대가 만들어낸 효과 때문이다. 감기에 걸리면 소주에 고춧가루를 타서 마시면 된다는 등 의학적 근거가 없는 민간요법이 효과가 있었다면 위약 효과덕분이라고 할 수 있다. '이렇게 했으니 곧 나아질 거야'라는 믿음에 불안이나 스트레스 등이 사라지고, 통증이나 증상이 완화된다고 느낀다. 심지어 이처럼 심리적으로 편안해진 상태가 면역체계를 강화시켜서 실제 증상이 완화되기도 한다. 신기하게도, 상태가 나아질 것이라는 희망을 주는 가짜 치료 방법이 관절염 통증을 호소하는 환자들의 통증을 줄여주는 효과가 검증되기도 했다. 위약의 효과는 마음속에만 존재하는 것이 아니라 실제로 몸에 영향을 미친다.

위약 효과를 생활에 적용한 대표적인 예는 바로 '엄마 손은 약손'이다. 아이들은 종종 배가 아프다고 칭얼거린다. 무언가에 감염되거나 병에 걸리지 않았더라도 배앓이를 할 때면 예로부터 엄마들이 "엄마 손은 약손~" 하며 배를 문질러줬다. 그러면 정말 통증이 사라지곤 한다. 따뜻한 엄마의 손으로 마사지해줘서 장운동을 촉진시켜준 덕분일 수도 있지만, 거기에 더해 엄마의 '약손'으로 문질렀으니 곧 나을 것이라는 아이들의 기대도 한몫하기 때문이다.

이처럼 위약 효과가 존재하기에, 제약회사에서 새로운 약을 만들어 효과를 검증할 땐 반드시 위약 집단과 비교할 필요가 있다. 예를 들어 새로 개발한 두통약의 효과를 임상 시험으로 검증하려고 할 때 이 약을 먹은 집단과 아무 약도 먹지 않은 집단만 비교하면 어떻게 될까? 두통약을 먹은 집단의 두통이 실제로 사라진다 할지라도 그것이 약의 진짜 효과인지 아니면 '약을 먹었으니 증세가 완화되겠지' 하는 기대 효과, 즉 위약 효과인지 알 수 없다. 그렇기 때문에 가짜 약을 먹은 집단과 진짜 두통약을 먹은 집단의 증세가 어떻게 달라지는지 비교해야 한다. 가짜 약을 먹은 집단보다 크게 증세가 완화되어야 진짜 약효가 있다고 결론지을 수 있다.

위약 효과뿐 아니라 신체화 증후군somatization syndrome도 마음 때문에 몸이 변화하는 현상이다. 신체화 증후군은 다양한 신체 증상이 오랫동안 반복적으로 드러나지만 실제 신체적 질환이나 내과적 증상이 없어서 심리적 요인 때문에 발생한다고 본다. 꾀병이 아니라, 마음의 병이 정말 몸의 증상으로 나타난 것이다.

나도 비슷한 경험이 있다. 박사과정을 마무리하는 단계에 나는 매우 심한 스트레스를 겪었는데, 엎친 데 덮친 격으로 어지럼증을 동반한 심한 두통이 시작됐다. 몇 달이나 계속됐지만 동네 내과나 이비인후과에서 원인을 발견하지 못해서 결국 대학병원까지 갔다. 처음 보는 신기한 장비들로 검사했지만 결과는 '이상 없음'이었다. 나를 검사한 교수님은 요즘 스트레스받는 일이 있냐고 물어보시고, 박사 논문을 쓰고 있다는 나의 대답에 논문 주제를 물으셨다.

당시 연구 주제가 '외로움'이었기에 외로움에 대해 쓰고 있다고 말했더니 "어휴… 그 어려운 주제를…"이라고 하셨다. 그러고는 스트레스성 어지러움과 두통이라고 최종 진단을 내리셨다. 신경성이라는 진단을 받고 나니 허탈했다. 스트레스의 원인이 사라지기 전까진 증상을 없애기도 힘들다는 의미이니 말이다. 그래서 나는 어쩔 수 없이 어지러움과 싸우며 박사과정을 마무리했다. 참으로 신기했던 것은, 졸업하고 나니 어지럼증과 두통이 거짓말처럼 사라졌다는 것이다. 지금도 심한 스트레스 상황에 놓이면 또다시 익숙한 두통과 어지러움이 돌아올 때가 있다. 그때는 '또 몸이 반응하는 걸 보니 내가 지금 스트레스를 많이 받고 있구나'라고 생각한다. 그리고 원인을 해결하면 두통도 사라진다.

독특하게도 많은 한국 사람이 경험하는 '화병'도 마음이 몸에 영향을 미치는 증상이다. 억울함, 답답함, 분노를 표출하지 못하고 꾹꾹 누르고 있으면 여러 신체적 증상이 나타난다.

이처럼 마음에서 몸으로 향하는 영향은 너무나도 잘 알려져 있기 때문에 새로울 것이 없다. 그런데 반대 방향으로의 영향도 존재한다는 사실에는 많은 사람이 생소해한다. 즉, 몸의 변화가 마음의 변화를 불러일으키기도 한다.

몸이 마음에 미치는 영향

몸이 마음에 미치는 영향은 어떤 식으로 작용할까? 최근 수많은 심리학자의 연구로 몸이 마음을 구성하는 중요한 요소 중 하나라는 것이 다양하게 밝혀지고 있다. 몸은 단순히 마음을 반영하고 표현해주는 수단이 아니라 그 자체가 마음을 적극적으로 구성하는 요소다. 이를 '체화된 인지embodied cognition'라고 부른다. 생각은 머릿속에서만 이루어지는 것이 아니라, 보고 듣고 맛보고 냄새 맡고 만지는 행위의 영향을 받는 현상이다. 말 그대로 생각은 몸의 경험으로부터 영향을 받는다.

예를 들어보자. 무게를 표현하는 '무겁다'와 '가볍다'라는 표현은 다른 비유적 의미로도 사용된다. 우리말에는 한자의 '무거울 중(重)'을 포함하는 단어가 많다. 소중, 귀중, 중요 모두 무겁다는 의미를 포함하고 있다. "쟤는 사람이 너무 가벼워"라는 묘사는 해당 인물이 진지하게 고려할 만하지 않다는 의미를 담고 있다. 또 다른 예로 "병세가 위중하다"라고 말하면 병으로 인해 심각하고 위험한 증세를 보인다는 의미다. '중환자실'의 '중'도 비슷한 의미를 담는다. 뿐만 아니라 '무거운 범죄' 또는 '죄의 경중을 따진다'와 같이 누군가가 저지른 범죄가 얼마나 큰 악영향을 미쳤는지를 표현할 때도 무게의 의미를 사용한다. 즉, 우리는 무언가의 중요성을 무게에 대한 비유로 표현한다. 우리말에서는 '중요성'이라는 말에 '무거울 중'이 이미 포함되어 있다. '중요성'이라는 말 자체가 무게와 중요함의 밀

접한 관계를 보여주는 것이다.

신기한 것은 한국어에서만 중요성을 무게로 비유하는 것이 아니라는 점이다. 다른 여러 문화권의 언어에도 중요함을 무거움으로 표현하는 비유가 녹아들어 있다. 이런 비유가 범국가적으로 대부분의 언어에서 사용되는 이유는 우리가 중력(重力)이 존재하는 세계에 살기 때문이라고 학자들은 생각한다. 우리는 대상이 무거울수록 움직이는 데 더 많은 힘과 주의가 필요하다는 것을 태어난 순간부터 체득하며 살아간다. 무거운 볼링공을 들기 위해서는 가벼운 풍선을 들 때보다 많은 힘과 에너지가 필요하듯, 더 많은 주의와 노력을 기울여야 하는 중요한 사건을 더 무겁다는 비유를 사용해 표현한다.

중요한 것과 무거운 것은 단지 비유로 그치지 않는다. 무거운 것을 들고 있어서 신체적으로 무거움을 느끼면 중요성에 대한 판단이 영향을 받는다. 무거움과 중요함의 개념이 사람들의 마음속에 뿌리 깊게 연결되어 있기 때문이다. 무거움을 느낀 몸은 판단 대상을 가볍게 여기지 않게 된다.

그럼 구체적으로 어떤 현상이 나타날까? 유럽에서 실시된 실험 결과, 들고 있는 물건의 무게에 따라 사람들의 반응이 달라졌다. 연구자들은 참가자들이 서 있는 채로 설문에 응답하는 상황을 만들었다. 이때 참가자들이 들고 있는 클립보드를 무겁게 만들거나 가볍게 만들어서 서로 다른 무게를 느끼게 했다. 흥미롭게도 무거운 클립보드를 들고 응답한 사람들은 가벼운 상태로 답한 사람들에 비해 평가 대상의 가치가 더 크다고 생각했고, 평가에 더 신중을 기했다. 또한 평가 대상의 의견을 더 신중하게 고려해야 한다고 생각했고, 자신의 의견에 대한 자신감도 더 컸다. 무거움을 경험한 사람들이 더 무거움과 관련 깊은 판단을 한 것이다.

또 다른 연구에서는 가벼운 클립보드를 들고 있을 때보다 무거운 클립보드를 들고 있을 때 병을 더 위중하게 판단하고, 약효가 더 잘 작용할 것으로 판단했다. 이러한 판단이 중요한 이유는 판단이 생각의 수준에 그치지 않고 실제 건강에까지 영향을 미치기 때문이다. 사람들은 병이 더 중하다고 생각할수록 의사의 지시에 잘 따르고 병을 낫게 할 수 있는 건강 행동도 더 열심히 한다. 또한 약효가 더 좋다고 믿으면 약을 더 열심히 먹는다. 더 놀라운 것이 있다! 약효가 좋다고 믿을수록 기대에 의한 위약 효과도 강해져서 실제로 병세가 더욱 완화되는 효과를 누릴 수도 있다. 즉, 몸이 경험하는 물리적 무게에 따라 모르는 사이에 생각과 판단이 달라지고, 이에 따라 병이 나을 가능성까지 달라질 수 있다.

마음이 변화하면 몸은 없는 병의 증상도 느낄 수 있고, 없는 약효도 누릴 수 있다. 반대로 몸이 변화하면 모르는 사이에 사람, 사물, 사건에 대한 평가가 달라질 수 있다. 몸과 마음은 양방향으로 통한다. 몸과 마음이 대화하는 것처럼 말이다. 그 대화는 무거움과 중요함처럼 비유의 연결 고리를 통할 때가 많다. 몸이 마음에 미치는 영향에 관한 재미있는 현상은 그동안 많이 발견되었고 지금도 계속 연구되고 있다.

20강.

가까울
수록
닮는 이유

거울 뉴런과 체화된 감정 지각

mirror neuron & embodied emotion perception

10년 전쯤 부모님이 보톡스 주사를 맞으신 적이 있다. 보툴리눔 독소botulinum toxin의 줄임말인 보톡스Botox는 말 그대로 독소 중 하나다. 근육 수축을 막아서 주름을 펴주기에 몇 달 동안은 자연스럽게 주름살이 사라지고 매끄러운 피부가 된다. 대체로 안전하다고 알려져 있지만, 모든 의료적 시술이 그렇듯 부작용이 나타날 수도 있다. 주사 맞은 부위의 근육이 마비된 것처럼 자연스러운 표정을 짓기 힘들어질 수 있다. 부모님도 그랬다. 당시에 찍은 부모님 사진을 보면 입 주위와 이마가 굳어서 어색하다. 이후 부모님은 더 이상 보톡스 주사를 맞지 않으셨다. 물론 이건 내 부모님의 이야기이고, 보톡스 시술을 받을지 여부는 개인의 필요와 상황에 따라 달라질 것이다.

보톡스 시술의 주요 효과가 해당 부위 근육을 마비시키는 것이고, 원치 않는 부위의 표정이 마비되는 등의 부작용이 나타날 수 있다는 사실은 잘 알려져 있다. 이처럼 얼굴 근육을 마비시키는 보톡스의 효과에 관한 흥미로운 연구가 있다.

자신도 모르게 따라 하는 이유

어린아이들이 친구나 부모를 놀릴 때 활용하는 간단하면서 효과적인 수법이 있다. 바로 거울처럼 상대방을 따라 하는 것이다. 말과 표정, 목소리 톤, 행동 등의 모든 것을. "하지 마~", "하지 마~", "하지 말라니까!", "하지 말라니까!" 등을 몇 번 반복하면 따라 하는 사람은 신나고, 놀림당하는 사람은 금세 화가 치민다. 그런데 실제로는 아이들을 포함한 모든 사람이 남을 따라 한다. 그것도 자기도 모르는 사이에. 놀리기 위해서가 아니라 상대방을 이해하고 공감하기 위해서다.

사람과 원숭이 뇌에는 거울 뉴런mirror neuron이라는 뇌세포들이 있다. 일종의 거울 역할을 하는 뇌세포다. 무엇을 무엇에 비출까? 다른 사람의 행동이나 감정, 언어 등을 거울처럼 자신의 뇌에 비추어 모방할 수 있게 해준다.

잘 알려진 현상인 하품 전염도 거울 뉴런 때문에 나타난다. 누군가 하품하는 것을 보면 내 뇌 속의 하품 동작과 관련된 거울 뉴런들이 활성화하고, 관찰한 활동인 하품을 모방하는 결과로 이어진다. 거울 효과는 무의식중에 저절로 일어난다. 내가 남의 하품을 따라 하고 싶어서 그러는 것이 아니라는 말이다.

하품 전염은 정서나 관계가 연결되어 있는 사람들 사이에서 더 잘 일어난다. 즉, 아는 사람, 친근하고 친밀한 사람의 하품을 더 많이 따라 하게 된다. 길에서 스쳐 지나가는 모르는 사람의 하품은 잘 전염되지 않지만 가족이나 연인, 친구의 하품은 잘 전염되는 것을 모두 경험했을 것이다. 내가 어렸을 때 우리 집에서 키우던 반려견 '두리'가 하품할 때 나도 하품을 많이 했던 기억이 난다.

자신과 가깝고 좋아하는 사람일수록 더 많이 하게 되는 무의식적 모방은 하품에 그치지 않는다. 나는 딸이 입을 크게 벌리고 무언가를 맛있게 먹는 모습을 보고 있으면 나도 모르게 입이 하마처럼 벌어진다. 사랑하는 딸의 행동과 표정을 무의식중에 따라 하는 것이다.

우리는 거울 뉴런의 작용으로 인해 상대의 움직임이나 반응을 약하게나마 몸에서 비슷하게 경험하고 해석할 수 있기에 상대에게 공감할 수 있다. 나는 사극을 보지 않는데, 그 이유는 현대를 배경으로 하는 드라마나 영화와는 다른 독특한 장면들이 거의 확실하게 등장하기 때문이다. 참수나 멍석말이, 고문 등의 신체적 폭력 장면들이다. 이 장면들을 보고 있으면 내 몸이 고통스럽다. 목을 치는 장면이 나오면 뒷덜미가 뻣뻣해지고 담이 붙는 느낌이다. 나의 거울 뉴런은 매우 활발하게 반응하는 것 같다. 덕분에 다른 사람들에게 잘 공감할 수 있지만 반대로 이런 어려움을 겪는다.

표정을 모방하며 감정 추측하기

거울 뉴런의 작용으로 인해 우리는 다른 사람들의 감정을 거울에 비춰 보듯이 뇌에서 시뮬레이션하고 해석할 수 있다. 다른 사람의 표정을 그저 관찰하면서 '지금 무슨 감정을 경험하고 있는 걸까? 웃는 것을 보니 기분이 좋아 보이는데…' 하고 추측하기보다는 나도 모르는 사이에 표정을 모방하면 관련 뇌세포들이 활성화하면서 상대의 감정을 훨씬 정확하게 추측할 수 있다. 말하자면 무의식적 모방은 상대방의 심리 상태를 더 잘 이해하게 해준다. 이것을 체화된 감정 지각embodied emotion perception이라고 한다. 내가 짓고 있는 얼굴 표정을 바탕으로 상대방의 감정을 지각하는 것을 가리킨다.

보톡스 이야기로 돌아가보자. 보톡스 시술을 받으면 해당 부위의 근육이 마비되고 표정을 짓기 어려워진다. 즉, 표정을 짓고 있다는 신호를 뇌로 보낼 수 없다. 그러면 상대가 얼굴 표정으로 감정을 표출할 때 자동으로 표정을 모방하는 행위가 가로막힌다. 따라서 상대방의 표정을 따라 하지 못한다. 모방을 못 하면 상대방의 감정을 더 자세히 알기 어렵다. 이처럼 보톡스를 맞으면 다른 사람 감정을 제대로 알아채지 못할 수 있다.

심리학자들은 이 결론이 사실인지 알아보기 위해 실험을 했다. 눈 사진을 보고 감정을 맞히는 '눈에서 마음 읽기 테스트reading the mind in the eyes test, RMET'라는 검사를 활용한 실험이다. 이 검사는 남녀노소 배우들의 표정 중 눈 주위만 보여주는 36장의 사진을 보고 감정을 추측해서 사지선다로 답하면 된다. 검사 결과는 지능지수IQ와 관련 없지만 사회적 지능social intelligence과는 상관이 있다. 그래서 다른 사람의 감정을 이해하는 데 어려움을 겪는 자폐 스펙트럼 장애나 아스퍼거 증후군Asperger Syndrome을 지닌 사람들은 일반 성인보다 검사 점수가 낮다.

    나도 검사해보았는데 결코 쉽지 않았다. 일반적 성인이 다른 사람의 감정을 얼마나 예민하게 구별할 수 있는지를 두고 개인차를 측정하기 때문이다. 나는 36가지 중 26가지를 맞혔다. 이 책을 읽는 여러분도 검사해보고 싶다면 구글에서 'reading the mind in the eyes test'나 'RMET'를 검색하면 온라인에서 해볼 수 있다. 한글 버전과 채점표도 모두 제공되니 채점도 바로 할 수 있다. 다른 사람의 눈을 보고 감정을 얼마나 정확히 파악할 수 있는지 알아보고 싶다면 해보기를 추천한다.

    이 검사에서 재미있었던 것은 어려운 문제를 풀 때 나도 모르게 사진 속의 눈과 비슷한 표정을 지으며 '저 사람은 이 표정을 지으며 어떤 감정을 느끼고 무슨 생각을 했을까?' 추측했다는 것이다. 표정을 모방하면 상대의 감정을 더 정확하게 인식할 수 있음을 의식하진 못해도 우리의 뇌는 알고 있다.

    그럼 보톡스에 관한 심리학 실험은 어떻게 실시했을까? 연구자들은 주름을 없애기 위해 보톡스 시술을 받은 집단과 레스틸렌Restylane 필러 주사 시술을 받은 사람들을 비교했다. 보톡스 주사는 얼굴 근육 표현을 마비시키고, 표정 근육이 뇌로 보내는 신호를 감소시키기 때문에 뇌는 표정을 민감하게 파악하기 어렵다. 반면 레스틸렌 필러는 주름을 펴주는 시술이라는 점은 보톡스와 유사하지만 얼굴 근육을 마비시키는 효과가 없다. 즉, 상대의 표정을 모방하면 그 표정을 짓고 있는 내 얼굴 근육의 신호가 뇌에 정상적으로 전달되기 때문에 여전히 상대의 감정을 민감하게 알 수 있다.

보톡스 집단과 레스틸렌 집단이 눈을 보고 감정을 맞히는 검사를 한 후 점수를 비교해보니 보톡스 집단의 점수가 낮았다. 보톡스로 인해 표정을 짓기 힘들어지고 표정 근육의 정보가 뇌에 적게 전달되며, 결과적으로 해당 표정을 짓고 있는 상대방의 감정을 추측하기 어려워졌기 때문이다. 즉, 보톡스를 맞으면 체화된 감정 지각을 잘하지 못하게 된다는 결론이 뒷받침되었다.

그러니 사회생활의 달인이 되고 싶다면 보톡스를 맞아 주름을 펴고 더 예뻐지기를 시도하기보다는 더 좋은 공감자가 되도록 노력해보면 어떨까? 아니면 보톡스 대신 필러 시술을 받든지 말이다. 마지막 말은 농담이다.

21강.

더 많이
사랑하는
사람이
약자?

사회적 힘과 파워 포즈

social power & power pose

대학원에 다닐 때 나는 지도교수님을 많이 어려워했다. 선생님의 말한 마디 한 마디에 감정이 하늘로 치솟았다 땅으로 꺼졌다 했다. 지도교수님의 승인과 인정은 모든 면에서 너무도 중요했다. 우리 연구실에서는 정기적으로 랩미팅을 했다. 선생님과 연구실의 모든 학생이 모이는 연구 회의였다. 학생들이 돌아가며 연구 진행 상황이나 새로운 연구 아이디어를 발표하기도 하고, 연구실에서 공동으로 진행하는 프로젝트에 대해 이야기 나누기도 했다. 랩미팅 날이면 학생들은 모두 엄청난 긴장 상태에 돌입했고, 특히 자기가 발표하는 날엔 더했다. 아무리 열심히 발표를 준비해도 학계 권위자이자 존경받는 연구자이고 존경하는 스승님 앞에선 한없이 작아지기만 했기 때문이다.

랩미팅이 진행되는 동안 나를 포함한 학생들은 점점 쪼그라들었다. 심리적으로 쪼그라들다 보면 어느새 자세도 그렇게 되어 있었다. 어깨는 말리고 등은 구부정해져서 다리와 몸통이 예각을 이룬다. 그런데 지도교수님의 포즈는 반대였다. 학생들과 같은 의자에 앉아 계심에도 불구하고 마치 회장님 의자에 앉은 듯이 반쯤 눕듯 뒤로 기대서 몸통과 다리는 둔각을 이루고, 두 팔은 위로 번쩍 들어 뒤통수 밑에 깍지를 끼고 베개처럼 머리를 받치고 계셨다.

이 기억을 꺼낸 이유는 이야기에 반전이 있기 때문이다. 수년이 흘러 내가 교수가 되어 연구실을 꾸리고 나서 대학원생들과 랩미팅을 하던 어느 날이었다. 문득 내가 앉아 있는 자세가 예전 내 교수님이 랩미팅할 때의 자세와 똑같다는 사실을 발견한 것이다.

사회적 힘의 영향

내가 앉은 자세가 변한 이유는 무엇일까? 바로 힘$_{power}$이 달라졌기 때문이다. 물리적 힘이 대상에 물리적 영향력을 미치는 것처럼, 사회적 힘은 한 사람이 다른 사람에게 영향을 미칠 수 있는 정도를 말한다. 힘은 누가 더 상대방에게 영향력 있는가를 뜻한다고 볼 수도 있다. 대학원생과 지도교수의 관계에서 영향력이 큰 사람은 교수이므로 교수가 더 힘 있는 사람이다. 이 사회적 힘의 상대적인 많고 적음이 내가 앉아 있는 자세에 영향을 미쳤다.

힘의 관계에 따라 자세가 바뀌었던 내 경험은 대학원뿐 아니라 사회적 힘의 차이가 존재하는 관계와 집단에 적용할 수 있다. 사회적 힘의 차이는 거의 모든 관계에 존재한다. 직장, 부모와 자녀 간, 심지어 연인 간의 관계에도…. 직장 상사와 부하 직원은 계급이 다르기 때문에 힘의 차이도 명백하다. 부모와 자식 사이의 힘은 가정마다 다를 수 있다. 부모가 더 강자인 가정도 있고 자녀의 힘이 강한 가정도 있다. 연인 간엔 어떨까? 누가 더 강자일까?

사람들은 흔히 '더 많이 사랑하는 사람이 약자'라고 말한다. 이 말에는 힘의 법칙이 숨어 있다. 연인 중 상대방을 더 많이 사랑하는 사람은 자기 뜻을 주장하기보다 자연스럽게 상대방의 의견을 더 듣고 많이 맞추려 한다. 더 많이 사랑하는 사람이 연인의 표정과 감정과 생각을 더 많이 살피므로 더 많은 영향을 받는다. 더 많이 사랑받는 사람은 상대적으로 행동이나 생각, 결정 등의 영향을 적게 받는다. 즉, 더 사랑받는 사람이 더 사랑하는 사람에게 더 큰 영향력을 미치며, 그래서 더 많이 사랑하는 사람이 약자가 된다. 더 많이 사랑하는 사람이 약자라는 표현이 대중적으로 잘 받아들여지는 것을 보면, 사람들은 심리학자가 아니어도 심리학적 힘의 법칙을 암묵적으로 알고 있다.

힘과 자세의 관계

다시 힘과 자세의 관계로 돌아가보자. 사람들은 힘이 있거나 없을 때 구체적이고도 특정한 자세를 취한다. 힘 있는 사람이 취하는 자세는 무엇일까? 심리학자들은 '열리고 확장된 자세open, expansive body posture'라고 부른다. 팔과 다리를 바깥으로 벌리고 몸을 확장시켜 차지하는 공간을 넓힌 자세이다. 힘 있는 사람은 이 자세로 힘을 드러낸다. 의식적으로 '어떻게 하면 내 힘을 보여줄 수 있을까? 옳지! 이렇게 해보자' 하고 생각하여 자세를 취한다는 의미가 아니다. 힘을 지니면 의식하지 못하는 사이에 저절로 이런 자세를 취하게 된다. 슈퍼맨이나 원더우먼 특유의 포즈를 떠올리면 이해하기 쉽다. 양 다리를 어깨 넓이로 벌리고 꼿꼿이 선 뒤, 가슴을 펼치고 주먹 쥔 양손은 허리에 얹는 자세 말이다. 슈퍼맨이 악당 앞에 이 자세로 서 있으면 그 모습을 보는 것만으로도 상대방은 오그라들 만하다. 강한 힘만큼 강한 자신감을 드러내는 포즈이기 때문이다.

반대로 힘이 적은 사람이 취하는 자세는 '닫히고 수축된 자세closed, contractive posture'다. 오므린 팔과 다리가 몸통에 닿고, 몸이 차지하는 공간이 최소화된다. 심지어 몸 자체를 안쪽으로 접거나 수그리기도 한다. 웃어른 앞에서 두 손을 모으고 공손하게 서 있는 모습이 전형적인 힘없는 자의 포즈다. 만약 원더우먼이 힘없는 포즈를 취하고 있다면 어떻게 보일까? 두 발은 나란히 모으고, 두 손을 앞으로 모아 잡고, 등을 구부정하게 한 채 서 있는 모습은 당당한 원더우먼과 참으로 어울리지 않는다.

확장된 자세와 수축된 자세는 오랜 세월 동안 진화해왔다. 웃는 사람을 보면 누구나 그 사람이 행복하다는 것을 알 수 있듯, 이런 자세를 취한 사람을 보면 본능적으로 힘을 느낄 수 있다. 그래서 여러 사람이 모인 곳에서도 바디랭귀지를 통해 누가 리더이고 파워가 많은지를 파악할 수 있다.

힘에 따라 몸이 차지하는 공간을 수축시키거나 확장시키는 현상은 동물의 세계에서도 나타난다. 야생동물은 다른 동물을 마주쳤을 때 강해 보이기 위해 털을 세워 몸을 부풀리거나 척추를 곧게 펴서 키를 키우고 덩치가 커 보이게 한다. 부엉이는 포식자인 매 앞에서 자세를 수축시키기도 한다. 동물들도 본능적으로 힘과 자세의 관련성을 나타낸다는 것은 이 관계가 상당히 원초적이라는 의미다.

파워 포즈

한편 심리학자들은 재미있는 생각을 했다. 하버드대학교의 심리학자 에이미 커디Amy Cuddy와 그의 동료들은 반대의 인과관계를 알아봤다. 힘 있는 사람이 확장된 자세를 취하는 현상을 이용해, '그렇다면 반대로 확장된 자세를 취하면 힘이 있다고 느껴질까'라는 질문의 답을 찾기 위해서였다.

이제 연구에 사용된 강자의 자세인 '파워 포즈power pose'를 취해보자. 다리를 어깨 넓이로 벌리고 등을 꼿꼿이 세우고 가슴을 펴자. 양손은 슈퍼맨처럼 골반에 올리자. 고개는 당당히 앞을 바라본다. 연구 결과에 따르면 파워 포즈를 취하면 실제로 힘 있는 사람의 마음 상태가 되었다. 파워 포즈에 대한 이후의 많은 연구에서 커디 교수 팀의 연구 결과가 모두 재검증되지는 않았지만, 하나만큼은 분명해 보인다. 확장된 자세, 파워 포즈를 취하면 힘을 느끼고 자신감이 생긴다는 것이다. 연구자들은 이 자세를 하루에 최소 2분만 해도 자신감을 높일 수 있다고 보고했다. 매일 자신감 한 큰 술을 얻을 수 있다면 2분의 투자는 아깝지 않다.

사실 사람들은 이론적 지식이 없더라도 의식하지 못하는 경험을 통해 자세의 효과를 알고 활용하고 있다. 자신감을 잃고 침울해진 사람에게 용기를 불어넣기 위해 우리는 "고개 들고, 가슴 펴고! 자신감을 가져!"라며 위로하곤 한다.

자신감이 특히 더 필요한 날이 있다. 취업 면접, 중요한 발표, 새롭게 도전하는 자리 등 자신감의 도움이 많이 필요한 날은 파워 포즈를 취해보자. 나도 심리학과 교수 자리에 지원했을 때 최종 총장 면접을 보기 전에 대기실에서 파워 포즈를 취하고 순서를 기다렸다. 희한하게 정말 자신감이 생기고 여유로운 웃음이 지어진다. 결과적으로 나는 자신감 있게 웃으며 떨지 않고 인터뷰를 잘 마쳤다.

심리학과 교수로서 여러 기관의 채용 면접 위원으로 참여하며 느끼는 것은, 자신감을 표현하고 자신감 있게 이야기하는 것이 당락에 많은 영향을 미치겠다는 점이다. 실제로 관련 연구들도 증거를 보여준다. 지식과 경력이 같고 심지어 외모도 비슷해도 자신감 있는 사람과 없는 사람이 받는 점수는 다르다. 면접이나 발표 등 평가받아야 하는 상황이나 자신감이 어느 때보다 필요할 때

파워 포즈를 취해보자. 약간의 자신감 상승이 중요한 도움이 될지도 모른다.

22강.

겨울에는
왜 더
외로워질까

외로움과 온도 지각

"겨울이라 날씨가 추워설까. 팔짱 끼는 연인들의 모습에 나의 맘은 왜 시려울까?"

예전에 인기 있던 노래의 첫 소절이다. 날씨가 추워지면 마음도 함께 추워지고 덩달아 외로워지는 경험은 누구나 해봤을 것이다. 이 경험은 심리학적으로도 설명할 수 있는 현상이다.

신체적 따뜻함과 사회적 따뜻함

미국의 심리학자들이 한 실험을 했다. 이들은 참가자들에게 자연스러운 핑계를 대며 잠시 커피잔을 들고 있도록 했다. 연구 결과에 따르면 참가자들이 무심결에 들고 있던 커피잔이 따뜻했는지 차가웠는지의 사소한 차이가 마음과 행동을 변화시켰다. 따뜻한 커피를 들고 있던 사람은 아이스 커피를 들고 있던 사람보다 가상의 인물을 평가할 때 더 따뜻하고 친근한 사람으로 봤다.

손에 잠시 들고 있던 물건의 온도는 누군가를 판단하는 생각의 수준뿐 아니라 실질적인 행동까지 달라지게 만들었다. 연구자들은 이번엔 제품을 평가한다는 명목하에 참가자들이 치료용 온열 패드나 얼음팩을 잠시 들고 있도록 했다. 따뜻한 물건을 들어서 손이 따뜻해진 사람들은 얼음팩을 들어서 손이 차가워진 사람들보다 다른 사람을 위한 선택을 더 많이 했다. 실험 참가에 대한 보상으로 간식(음료수나 아이스크림)을 받을지 친구를 위한 음료수나 아이스크림 상품권을 받을지 선택하도록 했을 때 손이 따뜻해진 사람들은 친구를 위한 상품권을 더 많이 선택했다. 물론 이 선택이 따뜻한 커피나 온열 패드 때문이라는 것은 전혀 의식하지 못한 채로 말이다. 사실 손이 따뜻한 것과 다른 사람을 긍정적으로 평가하는 것, 그리고 친구에게 간식을 선물하는 것은 직접적인 관련성이 없다. 그럼에도 불구하고 따뜻해진 손이 다른 사람들을 따뜻한 시선으로 바라보게 만들고 자신의 행동까지도 따뜻하게 만들었다.

왜 그럴까? 따뜻함이 지닌 여러 의미가 마음속에서 함께 활성화하기 때문이다. 사람을 포함한 많은 동물은 어려서부터 신체적 따뜻함과 함께 관계의 친밀감을 경험한다. 사랑하는 엄마가 안아줄 때 아이들은 체온을 통해 따뜻함과 동시에 사랑받는 느낌, 친밀감을 느낀다. 어려서부터 반복적으로 이를 경험하면서 우리의 뇌는 따뜻함과 사랑, 따뜻함과 관계적 친밀함, 따뜻함과 사회적 호의를 계속 연합시킨다. 자연히 마음속에 강력한 연결고리가 생긴다. 그래서 우리는 몸이 따뜻함을 느낄 때 모르는 사이에 따뜻하고 친근한 감정이 발현되고, 이로 인해 다른 사람을 더 따뜻하게 평가하고 타인을 위한 친사회적 행동도 더 많이 한다.

앞서 인용한 가사 외에도 물리적 따뜻함을 사회적 특성에 비유하는 현상은 흔하디 흔하다. '그는 마음이 따뜻한 사람이야'라든지 '어려운 이웃에게 온정을 베풉시다' 같은 표현들은 다른 사람들의 안녕과 행복을 위한 좋은 의도를 따뜻함에 비유한다. 반대로 '냉랭한 눈빛', '냉정하다', '찬바람이 쌩쌩 분다'처럼 차가움과 관련된 표현들은 정답지 않은 행동이나 태도에 대한 비유다.

따뜻한 커피와 물건의 저력을 보여준 앞의 실험을 보고한 논문의 제목은 '신체적 따뜻함을 경험하면 대인 간 따뜻함이 증진된다'이다. 이 제목은 어떤 측면에서 어른들의 말씀과 통한다. 어머니가 외출하는 딸의 찬 손을 만지며 "아이고, 손이 이렇게 차서 어떻게 해. 손이 따뜻해야 마음이 따뜻한 거야" 하며 장갑을 끼워주는 드라마의 한 장면이 떠오르지 않는가? 실험 결과를 보면 맞는 말인 듯하다. 그러고 보면 심리학이라는 학문이 만들어지기 훨씬 전부터 구전된 삶의 지혜 중에는 심리학적으로도 옳다고 증명되는 현상이 많다. 말 그대로 삶의 지혜인 셈이다.

몸의 따뜻함이 마음도 따뜻하게 했다면, 그 반대도 가능한지 보자. 즉, 마음이 외로워지면 몸이 춥다고 느끼는지 말이다.

심리적 추위와 신체적 추위

반전은 없다. 마찬가지로 마음이 추워지면 몸도 추위를 느낀다. 캐나다의 심리학자들은 한 연구에서 참가자 중 절반에게 과거에 다른 사람들에게 거절당했거나 배척당했던 경험을 떠올려보도록 했다. 나머지 절반의 참가자는 타인에게 포용되고 소속감을 느꼈던 경험을 떠올렸다. 그 후 연구진은 참가자들에게 현재 앉아 있는 방의 온도를 추측해보도록 했다. 사회적 배척과 거절을 떠올린 사람들은 온도를 평균적으로 섭씨 3도 낮게 추측했다.

연구진은 더 재미있는 실험을 했다. 참가자들에게 네 명이 공을 주고받는 컴퓨터 게임을 하도록 했다. 각 참가자는 다른 방에서 게임에 접속한 나머지 세 사람과 함께 실시간으로 공을 주고받고 있다고 믿었지만, 사실은 미리 프로그래밍된 컴퓨터와 혼자서 공을 주고받았다. 이들이 생각한 다른 세 명의 플레이어는 컴퓨터가 컨트롤하고 있었다. 미리 프로그래밍된 공 주고받기 패턴은 두 가지였다. 첫 번째 패턴은 평범하게 네 사람이 비슷한 비중으로 공을 주고받는 것이었다. 두 번째 패턴은 무척 잔혹했다. 참가자는 처음 두 차례 공을 받은 뒤에는 놀이가 끝날 때까지 한 번도 공을 받지 못했다. 만약 자신이 이 상황에 처했다고 상상해보자. 별것 아니라고 생각할지 몰라도 실제로 이런 경험을 하면 심리적 타격이 꽤 크다.

연구진은 공 주고받기 게임을 끝낸 참가자들을 대상으로 마케팅 조사를 하는 척하면서 여러 음식의 적합성을 평가하도록 했다.

그랬더니 사회적 배제를 당한 사람들, 즉 공을 받지 못한 사람들은 따뜻한 커피와 수프의 바람직함을 훨씬 크게 평가했다. 차가운 콜라나 사과, 과자에 대한 평가는 거절당한 사람과 평범한 게임을 한 사람 간에 차이가 없었다. 사회적 배척, 거절, 배제는 몸을 문자 그대로 춥게 만들어서 따뜻한 음식과 음료가 더 매력적으로 느껴지게 만들었다.

사람은 외로우면 추워진다는 것을 미처 의식하지 못하지만 몸은 느낀다. 그래서 외로운 사람들은 따뜻한 목욕이나 샤워를 더 많이 하고, 물 온도도 더 따뜻한 쪽을 선호한다. 인과의 방향을 반대로 돌려, 몸이 추위를 느껴도 외로움을 더 많이 경험한다. 외로움이 사라지려면 사람들을 만나고 좋은 사회적 관계를 맺어야 하지만, 단지 몸을 따뜻하게 함으로써 외로움을 어느 정도 달랠 수 있다면 괜찮은 처방으로 보인다.

내가 다녔던 교회에서는 매년 크리스마스에 쪽방촌 독거노인들을 방문해 내복, 핫팩 같은 작은 선물을 드리면서 말동무를 해드렸다. 추우면 더 외롭다. 독거노인들은 평소에도 외로움을 많이 느끼는 분들이다. 그런 분들에게 겨울은 더욱 혹독하게, 더 춥게, 더 외롭게 느껴질 것이다. 그래서 겨울에 혼자 사시는 어르신이나 주위의 외로운 이웃들을 돌보는 것은 더더욱 가치 있는 일이다.

23강.

머리를
끄덕이면
생기는
자신감

자기 타당화 이론

self-validation theory

요즘은 텔레비전이나 유튜브 등의 온라인 플랫폼에서 많은 강연 프로그램을 접할 수 있다. 역사학자가 한국사를 강의하기도 하고, 심리학자가 행복에 대해 강의하기도 한다. 자기 계발 강사가 대인관계나 소통의 기술 등에 관해 강의하기도 한다. 나도 입담이 재미있는 강사의 강연은 종종 찾아본다. 특별히 공감하거나 수긍하는 내용을 이야기하면 나도 모르게 고개를 끄덕이곤 한다. 반대로 '글쎄, 정말 맞을까? 난 수긍이 안 되는데…' 하고 생각할 때는 고개를 갸우뚱하거나 가로젓게 된다.

    이처럼 사람들은 동의하거나 긍정할 때는 고개를 끄덕이고, 동의하지 않거나 좋아하지 않는 것에 대해서는 고개를 가로젓는다. 무척 어린아이들도 의미를 이해하고 의사소통에 활용할 정도로 생애 초기부터 '끄덕끄덕'과 '도리도리'의 의미를 학습한다. 즉, 사람은 무척 간단한 두 가지 머리 움직임을 통해 간편하고도 분명하게 긍정 대 부정, 호 대 불호를 표현할 수 있다.

　나도 대학에서 수업하거나 대중을 상대로 교양 강의를 할 때 사람들이 고개를 끄덕끄덕하면 안도한다. 내 말을 잘 이해하는구나, 또는 내 말에 동의하는구나 생각하면 기분이 좋아지고 자신감도 생긴다. 끄덕끄덕은 단순히 좋다는 의미를 넘어서서 내가 표현한 생각이 타당하다고 확인해주는 듯한 효과까지도 발휘한다. 끄덕여주는 사람이 많으면 그만큼 내 이야기에, 그 이야기의 바탕이 되는 내 생각에 힘이 실린다.

　반대로 학생이나 청중이 고개를 절레절레 저으면 어떨까? 실제로 강의할 때 갸우뚱하는 반응은 있어도 티 날 정도로 고개를 가로젓는 청중은 거의 없었다. 만약 그런 청중을 보면 식은땀이 날 듯하다. '뭐가 잘못됐지? 내 이야기가 마음에 안 드나? 아니면 뭔가 틀린 말을 했나? 나랑 의견이 다른가?' 하고 복잡한 생각이 들 것 같다. 상대방이 동의를 표하지 않음으로 인해 내 생각이 정당하고 타당하다고 확인받지 못하고, 따라서 자신감도 잃을 수 있다.

내가 내게 고개를 끄덕일 때의 효과

그렇다면 다른 사람들이 고개를 끄덕일 때 상승하는 자신감, 고개를 가로저을 때 하락하는 당당함을 나 자신에게도 적용할 수 있을까?

내가 스스로 고개를 끄덕거리거나 가로젓는 행동이 발휘하는 심리적 효과는 무엇일까?

여기에 관해서는 유명한 실험이 있다. 연구진은 참가자에게 고개를 끄덕거리거나 좌우로 가로저으며 펜으로 설문에 응답하도록 했다. 설문지에 펜으로 기록하며 고개를 가로저었던 사람들은 해당 펜을 처음 보는 다른 펜에 비해 덜 좋아했다. 반면 고개를 끄덕이며 응답한 사람들은 자기가 사용한 펜을 다른 펜보다 선호했다. 두 펜 모두 실험에 참여하며 처음 본 것은 마찬가지였다. 손에 들고 있을 때 고개를 끄덕였는지 좌우로 흔들었는지만 다를 뿐이었다.

고개를 끄덕이는 몸짓이 오랜 시간 동안 긍정적 의미와 강하게 연합되다 보니, 고개를 끄덕일 때 보는 대상에 대해 긍정적인 태도가 생긴 결과였다. 즉, 아무 감정이 없던 중립적인 대상을 좋아하게 되었다. 반면 고개를 절레절레하며 본 대상은 별다른 이유 없이 덜 좋아하게 된다. 고갯짓의 신기하면서도 놀라운 효과다.

머리의 움직임에 따라 대상에 대한 태도가 달라진다는 것을 알면 이렇게 생각하는 사람도 있을 것이다. '고개를 끄덕거리게 만들면 불량품을 좋은 것처럼 포장해서 사도록 속이기도 쉽겠구나' 하고 말이다. 고개를 끄덕이며 본 대상을 좋아하게 된다고 하니, 그것이 대상을 '좋아하게 만드는 마법'이라도 되는 것처럼 생각할지도 모른다. 나쁜 생각 때문에 악의적으로 이용하고자 하는 사람은 분명 있을 수 있다. '나쁜 생각'이라고 이야기한 이유는 도덕적으로 그럴 뿐 아니라 효과가 좋지도 않기 때문이다. 여기에 답하는 다음 실험을 같이 살펴보자.

간단한 몸짓으로 자신감을 더하는 법

고개를 끄덕이거나 가로젓는 움직임이 설득에 미치는 영향에 대해 알아본 고전적인 심리학 실험이 있다. 실험에 참여한 사람들은 무작위로 배정된 조건에 따라 고개를 끄덕이거나 좌우로 흔들어야 했다. 이처럼 독특하고 생뚱맞기까지 한 행동이 자연스러우려면 그럴듯한 스토리가 필요하다. 연구진은 참가자들에게 헤드폰 성능을 테스트하려 한다고 선의의 거짓말을 했다. 심리학 실험에는 이런 가짜 스토리가 참으로 많이 사용된다. 물론 실험이 끝나면 목적을 위해 어쩔 수 없이 해야 했던 거짓말을 온전히 밝히고, 오해하지 않도록 설명한다.

    실험의 진짜 목적을 모르는 참가자들은 헤드폰 성능 실험에 참여하는 줄로만 알고 연구진의 여러 지시를 따랐다. 헤드폰을 쓴 채 운동하거나 걷기 등 여러 동작을 했고, 그중 하나가 고갯짓이었다. 연구진은 절반의 참가자들에게는 고개를 1초에 한 번씩 위아래로 흔들라고 했다. 고개를 끄덕이는 동작을 하도록 한 것이다. 나머지 절반의 참가자에게는 머리를 1초에 한 번씩 좌우로 흔들라고 했다. 결과적으로 고개를 가로젓는 동작을 하도록 한 것이다. 참가자들은 고갯짓이 무슨 의미를 띠는지를 의심하지 않은 채로 헤드폰에서 흘러나오는 소리를 들었다. 헤드폰에서는 음악과 함께 실험의 핵심 내용인 '설득적인 메시지'가 흘러나왔다. 연구진은 학교의 라디오 교내 방송을 틀어주는 척하며, 미리 녹음한 사설을 들려주었다. 학교에 새로 생긴 보안 시스템을 이용하기 위해서는 학생들이 학생증을 갖고 다녀야 한다는 내용의 사설이었다. 이 사설은 두 가지 버전이 있었다. 하나는 설득력이 약하고 논리적이지 못했고, 다른 하나는 설득력이 강하고 논리적 근거들을 제시했다. '헤드폰 성능 테스트'를 위한 듣기를 마친 참가자들은 마지막으로 헤드폰과 음악, 사설에 대해 다양하게 평가했다.

어떤 결과가 나타났을까? 나쁜 의도를 가지고 무슨 말을 하든 상대방이 고개를 끄덕거리고만 있으면 설득할 수 있을 거라고 예상한 사람이 실망할 결과였다. 논리적이고 설득력이 강한 사설을 들은 참가자들만 고개를 끄덕일 때 더 잘 설득되고, 고개를 가로저었을 땐 덜 수긍하는 효과가 나타났다. 반면 설득력이 없는 엉터리 메시지를 들었을 땐 오히려 반대 결과가 나타났다. 고개를 끄덕이며 사설을 들은 사람들이 메시지 내용에 더 부정적이었다.

연구자들은 이 결과를 자기 타당화 self-validation 때문이라고 설명했다. 자기 타당화는 사람이 자기 생각에 자신감을 가지면 그것을 실제 판단이나 행동의 중요한 근거로 사용한다는 이론이다. 예를 들어 주식 투자를 하는 사람이 주목하는 종목이 있다고 가정해보자. 여기에 투자하면 주가가 안정적으로 올라 이익이 날 것 같다. 하지만 확실치 않으므로 자신이 없다. 이때 이 생각이 타당하다고 느끼도록 해주는, 즉 자신감을 불어넣어줄 다양한 요소가 있으면 생각을 바탕으로 주식을 매입하기로 결정할 수 있다.

이렇게 자기 생각에 자신감을 갖도록 해주는 요인 중 하나가 바로 고개를 끄덕이는 행동이다. 고개를 끄덕거리는 행동은 누군가가 옆에서 내 생각이 맞다고 맞장구치고 격려해주는 듯한 역할을 한다. 그래서 고개를 끄덕거리는 행동을 통해 내 생각은 타당하고 적절하니 생각대로 해도 되겠다고 판단하게 된다.

실험 결과에 적용해보면, 참가자가 고개를 끄덕인 행위는 상대방의 주장에 아무 생각 없이 최면에 걸리듯 동의하게 만드는 효과를 발휘하지 않았다. 머리를 위아래로 끄덕거리는 움직임은 원래 자신의 마음속에 지니고 있던 생각에 자신감을 부여하는 역할을 했다. 상대의 주장이 논리적이고 설득력 있으면 '그래, 내 생각이 맞아. 저 사람이 하는 이야기는 설득력이 있어'가 된 반면, 설득력이 약한 메시지를 들을 때는 '그래, 내 생각이 맞아. 저 사람이 하는 말은 앞뒤가 안 맞고 말이 안 돼. 저 이야기는 틀렸어'가 된다.

고개를 끄덕이는 행동이 자신감을 불러일으켜준다는 것을 알았으니 적용해보자. 힘들고 지친 삶 속에서 위로가 필요할 때, 누군가가 고개를 끄덕여줬으면 할 때 스스로 끄덕임으로써 자신감을 일으킬 수 있다. 거울을 보면서 "나는 할 수 있다"라고 말하며 고개를 끄덕여보자. 나는 할 수 있다는 생각에 자신감이 더해질 것이다. 작고 사소해 보이는 몸의 움직임을 통해 스스로를 토닥여보자. 작지만 큰 변화를 기대하며.

24강.

연인의
행동이
불안하다면

성인 애착 이론

adult attachment theory

다음 상황을 상상해보자. 나와 내 연인, 그리고 내 동성 친구 세 사람이 식당에 갔다. 반찬 중에는 깻잎무침이 있다. 내 친구가 깻잎무침 한 장을 떼어 먹으려 하는데 잘 떨어지지 않았다. 이때 내 연인이 내 친구를 도와주기 위해 자기 젓가락으로 친구가 잡고 있는 깻잎의 아래쪽 깻잎들을 잡아주었다. 이런 상황이 실제로 일어났다면 어떻게 반응할지 묻고 답하는 일명 '깻잎 논란'이 한동안 유행이었다.

 사람마다 생각과 반응이 다를 만한 질문이다. 상황 속 연인의 행동은 어찌 생각하면 단순히 친구에게까지 확장된 친절이자 매너일 수도 있다. 그러나 다른 측면에서 보면 단순한 친절이라고 하기엔 과하게 친밀하기도 하다. 실제로도 사람마다 답이 다양하고, 답하는 방식도 달랐다. 어떤 이들은 애매하다는 듯 한참 고민하는가 하면, 어떤 이들은 더 이상 생각해볼 필요도 없다는 듯이 흥분했다.

어떤 사람들은 그럴 수도 있지 않냐며 건조하게 답하는 반면, 어떤 사람들은 절대 용납할 수 없는 일이 눈앞에서 일어난 것처럼 목소리를 높였다. 로맨틱한 관계에서 일어나는 일만큼 흥미진진한 이야기가 또 있을까?

대체로 사람들은 상황이 진짜 일어났다고 상상하고, 그때 자신이 어떤 감정을 느낄 것 같은지 예측한다. 사람들의 다양한 생각은 크게 두 가지로 나뉜다. 연인의 행동이 부적절했다는 의견과 연인이 그렇게 행동해도 자신은 상관없을 것 같다는 의견이다.

그렇다면 자신의 연인이 절대로 그렇게 행동해서는 안 된다고 생각하는 사람들과 '뭐, 그럴 수도 있지' 하며 이해할 수 있다는 사람들 간에는 어떤 차이가 있을까?

성인 애착

성인이 연인이나 친한 친구처럼 밀접하고 친밀한 관계에서 생각하고 행동하며 상호작용하는 방식의 특성을 성인 애착adult attachment이라고 한다. 성인 애착은 특히 연인 관계에서 일어나는 다양한 상황과 관계에서 경험하는 역동과 감정 등을 잘 설명해준다. 이 애착에는 불안anxiety과 회피avoidance라는 두 가지 차원이 있다. 체격의 특성을 키와 몸무게라는 두 차원으로 파악할 수 있듯, 개인의 성인 애착 양식은 애착 불안과 애착 회피라는 두 차원을 통해 파악할 수 있다.

애착 불안은 자신이 얼마나 가치 있다고 생각하는지에 따라 달라지는 차원이다. 스스로가 가치 있다고 생각하는 사람은 자기 가치를 확인하기 위해 다른 사람을 필요로 하지 않는다. 반대로 자신이 가치 있다고 생각하지 못하거나 가치감이 낮으면 연인이 긍정적으로 대해주는 것을 통해 가치를 확인하고자 한다. 그래서 연인이 긍정적으로 대해줄 것을 바란다. 물론 누구나 연인으로부터 다정하고 긍정적으로 대우받기를 원하지만 자기 가치감이 낮은 사람들은 연인의 친밀함이 더 크게 필요하다. 이렇게 자기 가치감이 낮은 사람은 애착 불안 수준이 높다. 애착 불안이 높으면, 즉 스스로 가치 있는 존재라고 생각하지 못하면 버림받거나 거절당하는 것에 대한 두려움과 불안이 커진다.

애착 회피 차원은 연인이 얼마나 의지할 수 있는 사람인지에 대한 믿음과 관련 있다. 내가 상대를 필요로 할 때 곁에 있어주고 지지해줄 것이라고 믿는 사람은 친밀한 관계를 회피하지 않는다. 하지만 그렇게 믿지 않는다면 연인과 친밀해지는 것을 피하려 한다. 또한 연인이라 해도 어느 정도 정서적 거리를 유지하고 싶어 한다. 즉, 친밀함을 불편해한다. 이들은 다른 사람에게 의존할 필요 없이 독립성을 유지하는 것을 중요하게 생각한다.

성인 애착의 두 차원인 불안과 회피의 정도가 모두 낮으면 안정적인 성인 애착을 형성한다. 따라서 스스로가 가치 있다고 느끼고, 상대방은 나를 지지해주므로 의지할 수 있는 사람이라고 믿는다. 이를 안정 애착이라고 한다. 안정 애착을 형성한 사람은 연인과

정서적으로 친밀해지는 것을 두려워하지 않고, 홀로 있는 것을 두려워하지도 않는다. 연인이 자기를 떠날까 봐 전전긍긍하지도 않고, 반대로 너무 가까이 올까 봐 밀어내지도 않는다. 그렇기에 가장 만족스러운 연애를 한다.

하지만 애착 불안이나 애착 회피의 정도가 높으면 불안정한 애착을 형성한다.● 성인 애착이 불안정하게 형성되면 연인이 자신을 떠날까 봐 불안해하거나, 반대로 친밀해지는 것을 거부하고 다가오는 연인을 밀어내며 거리를 유지하려 할 수 있다. 그렇기에 연인 관계 만족도나 부부관계 만족도 등이 안정 애착형에 비해 낮을 수밖에 없다.

하지만 다행히도 성인 애착 양식은 고정불변하지 않는다. 손바닥 뒤집듯 쉽게 변하는 것은 아니지만 삶의 경험을 통해 점진적으로 안정적인 애착 양상으로 바뀔 수 있다. 사실 나 자신이 산 증인이다. 나도 불안정한 성인 애착 양식을 가졌던 적이 있지만, 안정 애착을 지닌 남편을 만나 안정감 있고 친밀한 관계를 발전시키면서 어느새 안정 애착으로 바뀌었다.

안정 애착은 안정적으로 반응한다

그럼 다시 깻잎 논란으로 돌아가보자. 이 논란에서 제시되는 가상

- 불안정 애착 양식도 세 가지 양상으로 다시 나뉘나, 내용이 복잡하므로 여기서 자세히 다루지는 않겠다.

상황에서 안정 애착형은 어떤 식으로 반응할까? 사실 안정적인 애착이라 해서 모두 똑같이 반응하는 것은 아니다. 개인의 성격이나 성별, 나이나 심리적 성숙도 등에 따라 다양하다. 하지만 몇 가지 공통점이 있다. 쉽게 위협을 느끼거나 흥분해서 호들갑을 떨지 않고 안정적으로 반응한다는 것이다.

'내 애인이 내 친구한테 깻잎을 떼줬어? 사실 그리 마음에 드는 행동은 아닌데 왜 그랬을까? 나중에 애인이랑 이야기를 좀 나눠봐야겠다. 뭔가 그럴 만한 이유가 있었을 거야. 내 친구라서 더 매너 있게 행동하려고 그랬을지도 모르지. 그리고 다음부턴 그런 행동은 안 했으면 한다고 얘기해야겠다. 오해를 불러일으킬 수도 있는 불필요한 행동은 안 하는 것이 좋다고 말야.' 이런 식이다. 강조하지만, 하나의 예시일 뿐이다.

불안정 애착의 경우는 어떨지 생각해보자. 애착 불안 수준이 높은 사람은 연인의 행동이 자신을 떠나갈 징조일까 봐 불안해하거나, 친구와 연인이 어떤 관계인지 확인하기 위해 연인의 스마트폰을 몰래 확인해볼 거라는 식으로 반응할 수도 있다. 만약 애착 회피 수준이 높다면 이처럼 납득할 수 없는 행동을 하는 애인과는 헤어져야겠다거나, 오히려 너무나 무심하게 '연인 관계라는 게 서로를 소유하는 것도 아니고 어차피 각자 인생을 살아가는 건데, 내 친구 깻잎을 떼주든 말든 난 전혀 상관 없는데…'라고 반응할 수도 있다.

즉, 성인 애착 양식에 따라 깻잎 논란 상황이 '괜찮다'와 '안 괜찮다'로 나뉜다기보다는 갈등이 유발될 수 있는 오묘한 상황을 마주했을 때 해결해가는 방식이 다르다고 봐야 한다. 안정 애착은 상황이 싫든 좋든 연인과의 신뢰와 친밀함이 흔들리지 않는 방식으로 대처하고, 불안정 애착은 그렇지 않을 가능성이 높다.

연인의 어떤 행동이 불안하다면 자신을 돌아보자. 나 스스로 가치 있는 사람이라고 느끼지 못하는 것은 아닌지, 연인의 친절한 행동을 통해서만 자기가 가치 있다고 느끼는 것은 아닌지 말이다. 만약 그렇다면 다른 사람의 도움 없이도 스스로의 가치를 인정할 수 있는 사람이 되도록 노력해보자. 연인과 친밀해지는 것이 불편하고 일정한 거리를 유지하고 싶다면, 누군가를 필요로 할 때 곁에서 지지해주고 도와주었던 사람들을 생각해보자. 다른 사람들이 그렇게 언제나 못 미더운 것은 아니라는 점을 되새겨보자. 그렇게 안정 애착으로 변화하기 위해 자기 내면의 안녕을 돌아보면 좋겠다.

25강.

취향이
비슷한
사람과
사랑에
빠진다

나를 공유하기

I-sharing

얼마 전 인터넷에서 눈에 띄는 기사를 접했다. 기혼 남성 23명이 배우자가 운명의 상대라고 느끼고 이 사람과 결혼해야겠다고 마음먹은 결정적 순간에 관한 경험담을 간략하게 쓴 글이었다.

'바로 이 사람이 내 운명이야'라고 느낀 순간이라는, 어찌 보면 거창한 순간에 대한 묘사들이므로 나는 어떤 엄청난 경험들이 쓰여 있을까 하는 기대와 호기심으로 하나하나 읽어 내려갔다.

통하였느냐?

그러나 나의 기대에 부응하는 어마어마하고 대단한 경험을 이야기한 사람은 없었다. 오히려 평범하다 못해 사소해 보이는 순간들이 대부분이었다. 23가지 이야기에는 자주 등장하는 공통 테마가 있었다. 바로 배려와 조건 없는 사랑이었다. 모두가 배우자에게 바랄 만한 바람직한 속성들이기에 고개가 끄덕여졌다. 그런데 이외에도 반복적으로 등장하는 의외의 테마가 있었으니, 바로 '통하는 느낌'이었다.

한 남자는 여자친구와 함께 살기로 한 새집에 이삿짐을 풀던 순간을 떠올렸다. 각자가 가지고 온 이삿짐을 정리하다 보니, 자신과 여자친구가 좋아하는 책들이 똑같았다는 것이다. 이걸 본 남자는 '독서 취향이 이렇게 완벽하게 통하다니! 우린 천생연분이야!'라고 생각했다고 한다.

비슷한 경우로 소설《반지의 제왕》덕후였던 한 남자는 간달프의 검인 '글람드링'을 잘못 발음했을 때 여자친구가 발음을 교정해 주었다고 한다. 그 순간 그는 자기보다 더한《반지의 제왕》덕후인 여자친구가 운명의 상대라고 생각했다고 회고했다.

통하는 느낌이 얼마나 대단하길래 이 남자들은 한 여자와 평생을 함께하겠다고 결정한 것일까?

찌찌뽕과 호감

심리학에는 이처럼 '통하는 느낌'을 일컫는 용어가 있다. 바로 '나를 공유하기I-sharing'다. 구체적으로 말하면 '경험하는 주체로서의 나'를 공유한다, 또는 경험과 취향이 유사하다는 의미이다.

'찌찌뽕'이라는 말로 나를 공유하기의 정체를 잘 설명할 수 있을 것 같다. 찌찌뽕은 똑같은 말을 누군가와 동시에 했을 때 서로를 바라보며 외치는 표현이다. 찌찌뽕을 외쳤던 순간을 떠올려보자. 그 사람과 통했다는 기분에 신나고 때로는 경외감이 들 때도 있다. '어떻게 같은 순간에 똑같이 이 말을 했지?'라는 생각과 함께. 누군가와 '코드가 맞는다' 또는 '잘 통한다'는 생각이 든다면 그 사람과 나를 공유하고 있을 가능성이 많다. 마치 아이폰이 아이튠즈와 싱크되듯 내가 상대방과 싱크되는 듯한 느낌이다.

나를 공유하기의 완벽한 예를 보여주는 노래가 있다. 디즈니 애니메이션 〈겨울 왕국〉에 나오는 '사랑은 열린 문Love is an open door'이다. 대부분의 사람들은 〈겨울 왕국〉에서 '렛 잇 고Let it go'를 가장 좋아하고 많이 따라 불렀을 테지만 나는 '사랑은 열린 문'이 제일 좋다. 이 노래는 엘사 여왕의 하나뿐인 여동생 안나와 이웃 나라 왕자 한스의 듀엣곡이다. 안나와 한스는 처음 만난 날 서로를 알아가며 놀라움을 금치 못한다. 유년기 경험이 너무나도 유사할 뿐 아니라 비슷한 생각을 하고 비슷한 감정을 느낀다는 사실을 확인했기 때문이다. 이렇게 상대방을 알아가는 과정에서 너무 잘 통한다고 느끼며 사랑에 빠지는 순간을 그린 노래가 '사랑은 열린 문'이다. 가사에는 '이렇게 생각이 잘 맞는 사람을 살면서 단 한 번도 만나본 적이 없죠. 찌찌뽕! 또 찌찌뽕! 우리 마음이 이렇게 잘 통하는 이유는 한 가지뿐이에요. 바로 당신과 내가 천생연분이라는 거죠'라는 내용이 등장한다. 아쉽게도 애니메이션에서 한스 왕자는 악한 의도를 품고 안나 공주에게 접근해서 사랑에 빠진 척했다. 그럼에도 불구하고 안나가 자신과 영혼까지 통하는 것 같은 한스 왕자에게 한눈에 반하는 장면은 '찌찌뽕' 효과가 얼마나 강력한지를 역설적으로 보여준다.

심리학 연구에 의하면 이처럼 주관적으로 누군가와 동일한 경험을 하고 있다고 느낄 때, 즉 나의 주관적 경험을 공유할 때 사람은 상대방을 좋아하게 된다. 이러한 현상은 동성 간보다는 이성 간에 두드러진다. 공유하는 경험이 객관적으로 동일할 필요는 없다. 사실 두 사람의 경험이 객관적으로 동일한지 아닌지는 확인할 길이 없다. 단지 주관적으로 나의 경험과 상대의 경험이 똑같다, 혹은 유사하다고 생각하면 된다. 그 유사하다는 느낌이 상대방에 대해 호감을 갖게 해주기 때문이다. 이 호감은 실로 강력한 파워를 발휘할 수 있다. 앞에서 이야기한 것처럼 많은 사람이 자신과 경험을 공유한다고 생각한 상대를 운명의 상대라고 여기고 결혼까지 결정할 정도다.

주말마다 열심히 소개팅하며 운명의 상대를 찾는 싱글들을 위한 현실적인 조언으로 이야기를 마무리하려 한다. 소개팅 상대가 마음에 든다면 그 사람과 내가 공유하는 취향은 무엇인지를 찾아보자. 영화 취향은 어떤지, 책은 어떤 장르를 즐겨 읽는지, 어떤 음악을 좋아하는지, 여행은 좋아하는지, 좋아한다면 어떤 스타일로 여행하기를 좋아하는지, 넷플릭스에서 즐겨 보는 영화는 뭔지, 웃음 코드는 잘 맞는지, 어떤 유튜브 채널을 구독하고 즐겨 시청하는지 등 살펴볼 수 있는 취향의 종류는 무궁무진하다. 소개팅 자리의 어색함을 날려줄 풍성한 대화 소재가 생길 것이다. 그러다가 취향이 유사한 측면을 발견한다면, 그래서 상대방과 내가 유사한 경험을 한다고 느낀다면 금상첨화다. 앞에서 본 23인의 경험담과 같이 언젠가 당신도 소개팅에서 대화하며 '이 사람이야'라는 결정적인 순간을 느꼈다고 회고할지도 모른다.

26강.

이성이
많지만
연애는
안 되는
이유

온라인 데이팅과 거절 마인드셋

rejection mindset

우리는 인터넷과 모바일 기기의 발전 덕분에 많은 측면에서 편리함과 이익을 누리고 있다. 온라인 쇼핑은 마트나 가게에 직접 가는 수고와 이동 시간을 들이지 않고 장을 볼 수 있다는 장점만 있는 것이 아니다. 주방 세제를 사기 위해 가게에 가면 진열되어 있는 몇 가지 제품 중 하나를 골라야 하지만, 인터넷 검색창에 주방 세제라는 키워드를 입력하면 다 훑어보기도 힘들 정도로 많은 옵션이 펼쳐진다. 가격과 성능을 비교하기도 편리하다. 온라인 쇼핑이 더 나은 소비생활을 하도록 도와준다고 볼 수도 있다.

선택의 폭을 한없이 넓혀주는 서비스는 쇼핑뿐만이 아니다. 최근 폭발적으로 인기를 높이고 있는 것 중 하나는 온라인 데이트 앱이다. 스마트폰 앱 검색창에 '온라인 데이트'라고 입력하면 수많은 온라인 데이트 애플리케이션이 펼쳐진다. 화면을 계속 위로 올리고 또 올려도 계속 나타난다. 이 많은 온라인 데이팅 서비스들은 조금씩 다른 장점과 특색이 있다. 주요 타깃 소비자층의 연령이나 데이트 후보를 보여주는 방식, 마음에 드는 사람에게 호감을 표시하는 방식 등 여러 측면이 다르다.

그러나 모든 온라인 데이트 앱에는 공통적 특성이자 장점이 있다. 바로 많은 소개의 기회가 생긴다는 점이다. 즉, 많은 데이트 후보의 프로필과 사진을 손쉽게 접하고 호감을 표현할 수 있는 서비스를 제공한다.

남중, 남고, 공대의 진학 코스를 밟은 남성이나 여중, 여고, 여대를 다닌 여성이 자주 토로하는 어려움은 이성과의 데이트는커녕 접할 기회조차 극도로 제한적이라는 점이다. 이렇게 주변에 이성의 수가 절대적으로 부족한 사람들은 친구나 아는 형, 언니 등에게 '여소(여자 소개)', '남소(남자 소개)'를 해달라고 부탁하기도 한다. 그러나 부탁하는 것도 한두 번이고, 몇 번 친구를 통해 만나고 나면 또 소개해달라고 하기도 민망하다. 친구의 친구 풀도 거기서 거기이기 때문이다. 이처럼 만남의 기회가 없어서 데이트와 연애에 어려움을 겪는 사람들에게 온라인 데이트 앱은 한 줄기 빛과도 같고 사막에서 만난 오아시스 같기도 할 것이다.

자, 이제 만남의 문제가 사라졌으니 이 세상의 싱글은 사라졌겠지? 수많은 사람이 수많은 사람의 정보를 보고 호감 표현도 손쉽게 할 수 있으니 말이다. 그러나 이상하게도 여전히 주변에는 싱글이 많다. 뭐가 문제일까?

선택의 폭이 넓어서 생기는 문제

잠시 눈을 감고 다음의 두 가지 상황을 상상해보자. 첫 번째는 한 개 뿐인 아이스크림을 먹을지 말지만 결정할 수 있는 상황이다. 맛은 고를 수 없고, 주어진 아이스크림을 먹을지 말지만 고를 수 있다. 두 번째는 양쪽으로 넓게 펼쳐진 31가지 맛의 아이스크림 중에서 제일 좋아하는 것을 선택해서 먹는 상황이다. 두 가지 상황 중 두 번째 것을 선호하는 것은 당연하다. 아이스크림이 한 가지뿐이면 내가 좋아하지 않더라도 어쩔 수 없이 먹어야 하거나 아니면 아예 먹지 못한다. 하지만 많은 아이스크림 중에서 고르면 마음에 드는 것을 선택할 가능성이 높아지고, 선택 결과도 그만큼 더 흡족할 것이기 때문이다.

그러나 만약 31가지 맛이 아니라 1천 개 중에 골라야 한다면? 선택지가 무한정 많아지면 많아지는 만큼 계속 내 만족도는 높아지고 내가 좋아하는 아이스크림을 더 잘 고를 수 있을까? 그렇지는 않다. 일단 아이스크림을 고르는 과정이 즐겁지 않을 수 있다. 31개 정도는 쓱 훑어볼 수 있다. 그리 오랜 시간이 걸리지도 않는다. 하지만 선택지가 1천 개면 하나씩 보는 데만도 너무 많은 시간과 노력이 든다. 다 볼 수 없으므로 쭉 살펴보다가 마음에 드는 맛이 나오면 골라야겠다고 생각한다. 그런데 선호도가 비슷한 맛이 여러 개라면 무엇을 고를지 고민이 깊어진다. 결국 고민만 하다가 시간이 흘러버릴 수도 있다.

그 외에도 중요한 한 가지 문제가 생긴다. 1천 개의 맛에서 고르려 하면 앞으로도 많은 선택지가 남아 있기 때문에, 웬만큼 좋아하는 맛이 나와도 이것보다 더 좋은 아이스크림을 고를 수 있다고 생각하고 넘어간다. 31개 맛 중에 고른다면 그 아이스크림을 선택했겠지만 지금은 1천 개다. 나중에 얼마나 맛있는 것이 나올지 모르므로 일단 패스다. 같은 아이스크림이라도 많은 선택지 사이에 있으면 이처럼 거절당할 가능성이 높아진다.

바로 이런 문제가 온라인 데이팅에서 발생한다. 온라인 데이팅에서는 '무한대'라고 여겨질 정도의 수많은 이성에 대한 정보를 접할 수 있다고 느끼므로 '거절 마인드셋rejection mind-set'이 된다. 거절 마인드셋이란 더 많은 후보가 주어질수록 상대를 거절할 가능성이 높아지는 현상이다. 정말 선택의 폭이 넓어지면 거절 마인드셋이 생기는지 심리학자들이 실험을 통해 알아봤다.

연구자들은 데이트 앱을 가장 활발하게 사용하는 집단이라 할 수 있는 연인이 없는 30세 이하 성인을 대상으로 온라인 설문을 실시했다. 참가자들은 세계적으로 가장 인기 많은 데이트 앱인 틴더Tinder의 디자인을 모방한 화면에 한 사람씩 나타나는 후보 사진을 보며 마음에 들면 초록색 하트를 눌러 승낙하고, 마음에 들지 않으면 빨간색 X를 눌러 거절했다. 승낙이나 거절을 하면 즉시 다음 후보의 사진이 나타났다. 이 온라인 설문에는 사실 두 종류가 있었다. 한 가지는 후보를 45명 보여주었고, 다른 설문에서는 90명을 보여주었다. 선택의 폭이 넓은 조건과 좁은 조건이 있었던 것이다.

거절하며 생기는 거절 마인드셋

결과는 어땠을까? 일단 남성들이 여성들보다 승낙을 더 많이 했다. 여자들이 더 깐깐하게 선택했다는 의미이다. 또한 남녀 모두 뒤로 갈수록 승낙할 확률이 점점 줄어들었다. 서로가 서로를 승낙해서 매치가 이루어질 확률도 데이트 후보의 사진을 많이 볼수록 줄어들었다.

더 많이 거절하더라도 결국 만족스러운 선택을 하고, 만난 사람과 행복하게 연애하면 되는 것 아니냐고 생각할지도 모르겠다. 어쨌든 데이트 후보는 끝이 없으니 많이 거절해서라도 제일 맘에 드는 사람을 선택하면 되니까 말이다. 달리 말하면 남들보다 깐깐한 기준으로 이성을 보고 '눈이 높다'고 평가받는 사람이 결국 더 만족스러운 상대를 만날 수 있지 않겠냐는 생각이다. 그러나 연구 결과는 오히려 정반대 사실을 보여준다. 더 많은 상대를 거절한 사람들이 결국 자신이 선택한 상대에 대한 만족감도 더 낮았다. 그 많은 상대를 거절하고 만났으므로 기대감도 그만큼 더 컸고, 따라서 만족하기도 더 어렵다. 다른 사람을 택할걸 그랬나 하는 후회도 남는다.

반복되는 거절이 누적되면 점차 거절 마인드셋이 되기 쉽다. 눈앞에 충분히 좋은 상대가 있어도 거절하게 되면서 매치가 성사되기는 점점 어려워진다. 외로움만 더해갈 수 있다. 온라인 데이트 앱을 사용하지 말자는 이야기는 아니다. 이 앱의 압도적인 장점은 여전하기 때문이다. 만남 자체가 어려운 사람들의 장벽을 낮춰주는 좋은 기술인 것은 분명하다. 다만 아무리 온라인에 하늘의 별처럼 많은 데이트 후보가 존재한다 할지라도 수많은 후보를 지나쳐 가는 것이 결코 이상적인 선택으로 이어지지 않는다는 것을 기억하면 좋겠다.

심리학 연구를 통해 알려진 바에 의하면 가장 바람직한 선택의 폭은 20~50명의 후보를 보는 것이다. 최고의 상대를 찾을 때까지 거절 마인드셋을 키우며 거절을 쌓아가기보다는 승낙의 마인드를 지니고, 상대방이 어떤 사람인지 실제로 만나 알아가려고 하면 더 만족스러운 시작을 할 수 있을 것이다.

27강.

믿는 대로
이루어
질지어다

성장형 마인드셋과 고정형 마인드셋

growth mindset & fixed mindset

우리나라는 교육열이 대단하고 학업과 경력 측면에서 경쟁이 치열하다. 아이들은 세계적으로 뛰어난 지능을 보여주지만, 점차 자라나면서 세계 수준의 지능과 학습 능력을 발휘하지 못한다. 아이들의 뛰어난 잠재 능력이 충분히 발현되지 못하고 아깝게 묻히는 경우가 많다. 그러나 단연 두각을 드러내고 세계적으로 누구보다 뛰어난 수준의 성과를 내는 사람들이 있다. 반 클라이번 콩쿠르에서 최연소 우승을 한 피아니스트 임윤찬, 여자 역도의 전설 장미란, 수학계의 노벨상이라 불리는 필즈상을 수상한 허준이 등 뛰어난 수행을 보여준 사람을 찾아볼 수 있다.

'이 사람들은 타고난 천재잖아'라고 생각할 사람도 많을 것이다. 하지만 타고난 재능만으로 세계 최고의 자리에 오를 수 있는 사람은 없다는 것이 심리학 연구에서 반복적으로 밝혀졌다. 노력 없이 뛰어난 능력을 보여줄 수 있는 사람은 없다. 그렇다면 이렇게 뛰어난 경지에 오른 사람들은 어떻게 거기에 이르기까지 노력하고 계속 발전할 수 있었을까? 그 원인을 설명해줄 수 있는 이론이 있다. 바로 지능과 재능에 대한 믿음과 태도에 관한 것이다.

타고난다는 믿음과 발전한다는 믿음

스탠퍼드대학교의 심리학자 캐럴 드웩Carol Dweck 교수는 재능을 대하는 두 가지 태도에 따라 실패를 대하는 태도와 발전을 향해 나아가는 행동이 크게 달라진다는 것을 밝혀냈다. 이 두 가지 태도는 고정형 마인드셋fixed mindset과 성장형 마인드셋growth mindset이다. 마인드셋은 마음가짐, 믿음 체계라고 볼 수 있다. 그렇게 생각하고 믿는다는 뜻이다. 고정형 마인드셋을 지닌 사람은 재능은 타고나는 것이며, 태어날 때 정해진 수준에 고정되어 있다고 믿는다. 반면 성장형 마인드셋을 지닌 사람은 재능이 노력을 통해 점차 성장하고 발전할 수 있다고 믿는다. 두 가지 마인드셋이 어떻게 다른지 생각해보자.

고정형 마인드셋을 지닌 짱구의 마음속으로 들어가보자. 짱구는 재능이 딱 정해져 있다고 믿는다. 수학 학습을 예로 들면 이렇다. 짱구는 자기의 수학적 머리가 특정 수준에 고정되어 있고 이 능력은 변하지 않는다고 믿는다. 저학년 땐 수학을 곧잘 했을지 모르나, 학년이 올라가며 까다로운 개념들을 익히기 시작하면서 수학 공부에 어려움을 느낀다. 수학 시험을 보면 기대에 못 미치는 점수를 받기도 한다. 이때 짱구는 '내 수학적 머리는 여기까지인가 보다. 이제 수학 실력이 더 이상 발전할 수 없는 한계에 도달했어. 그래, 난 이과 머리가 아니었던 거야'라고 생각한다. 재능이 정해져 있다고 믿으므로, 수학 문제를 풀며 어려움을 느끼는 이유는 이제 더 이상 수학 실력을 키울 수 없는 지점에 도달했기 때문이라고 생각한다. 어차피 노력을 통해 수학적 재능을 키울 수 없다고 여기므로 시험을 잘 못 보았을 때 어떤 부분을 보완하고 어떻게 노력해서 다음에 잘할 수 있을지에 대해서는 생각하지 않는다. 대신 '내 수학은 여기가 한계야'라고 생각하며 '수포자(수학을 포기한 자)'가 되기 쉽다. 능력이 고정되어 있으므로 더 이상의 노력은 낭비이며 헛된 것이라 느낀다. 그러나 부모님이나 선생님, 주변 친구들에게는 여전히 수학을 잘하는 것처럼 보이려고 최선을 다한다. 그래서 혹시라도 틀릴지 모르는 어려운 수학 문제에 대한 도전을 피하며, 이런 회피로 인해 수학 실력을 실질적으로 키울 수 있는 기회마저 놓치고 만다. 심지어 수학 시험을 볼 때 부정행위를 해서라도 좋은 점수를 받으려 할 가능성도 더 높다. 실력은 키울 수 없다고 믿으므로 실제로 잘하기 위해 노력하기보다는 실력 있는 척하기 위해 노력한다. 그리고 친구나 다른 사람이 수학을 잘하는 모습을 보면 위협을 느끼고, 자기가 수학을 잘 못하는 데 대해서 방어적으로 대응한다. '내가 수학을 못하는 건 부모님이 좋은 학원에 안 보내줬기 때문이야'처럼 남 탓을 한다든지, '걔는 운이 좋아서 어쩌다 점수를 잘 받았나 보네…'와 같이 생각하며 다른 사람의 성취를 깎아내리기 바쁘다.

　　이번엔 성장형 마인드셋을 지닌 맹구의 마음속으로 들어가보자. 맹구는 재능이 점차 발전할 수 있다고 믿는다. 수학 공부를 하며 어려움을 느낄 때마다 자기가 더 발전해야 할 부분, 발전할 수 있는 부분을 찾았다고 생각하고 적극적으로 이 부분을 학습하기 위해 노력한다. 어려움과 도전을 발전의 기회, 성장을 향한 길로 받아들인다. 맹구가 가장 우선시하고 중요하게 생각하는 것은 남들에게 잘하는 듯 보이는 것이 아니라 실질적으로 학습하고 성장하는 것이다. 그래서 끊임없이 학습하기 위해 노력하고 도전한다. 어려운 문제에 도전하는 것도 마다하지 않는다. 어려운 문제에 도전했다 실패하더라도 이를 통해 자기가 무엇을 모르는지 알 수 있고, 이 지식을 바탕으로 더 발전할 수 있기 때문이다. 그래서 맹구는 도전이 성장을 위한 좋은 기회라고 생각한다. 수학에 뛰어난 친구나 다른 학생을 보면 위협을 느끼지 않고, 오히려 그 사람의 성공을 귀감으로 삼아 자신도 배우고자 한다. 건설적 비판을 기꺼이 받아들이고 수용해서 이를 통해 더 배우고자 한다. 그래서 맹구는 실패해도 좌절하지 않는다. 실패를 바탕으로 학습하고 배우고 발전하며 지속적으로 노력한다. 그래서 맹구는 점차 실제로 수학 능력자가 되어가고, 다른 많은 사람보다 더 뛰어난 실력을 갖게 된다.

　　맹구와 짱구 중 누가 옳을까? 즉, 재능은 실제로 고정되어 있을까, 아니면 발전할 수 있는 것일까? 물론 지능과 능력은 유전과 환경 모두의 영향을 받지만 최근 노력과 연습으로 인한 발전 가능성을 보여주는 연구 결과들이 지속적으로 쌓이고 있다. 그러면 맹구가 옳을까? 둘 다 옳다고 볼 수 있다. 말하자면 재능이 고정되어 있다고 믿는 사람은 실제로 계발하기 어렵고, 재능이 성장할 수 있다고 믿는 사람은 실제로 성장한다는 것이다. 고정형 마인드셋을 가진 사람은 믿음이 현실이 되도록 행동해서 재능을 계발하지 못한다. 반면 성장형 마인드셋을 가진 사람은 믿음을 바탕으로 계속 노력하고 학습해서 결국 재능을 향상시키고 만다.

포드 자동차를 설립하여 자동차의 왕으로도 불리는 헨리 포드 Henry Ford가 했다고 전해지는 말이 있다. "당신이 할 수 있다고 생각하든 할 수 없다고 생각하든 당신이 옳다." 할 수 없다고 생각하는 사람은 실제로 할 수 없고, 할 수 있다고 생각하는 사람은 해낼 수 있다는 말이다. 성장형 마인드셋과 고정형 마인드셋에 관한 연구 결과와 일맥상통한다. 포드 자동차라는 유업을 남긴 위대한 기업인다운 통찰이다. 자기 믿음대로 되는 것이다.

성장형 마인드셋을 기르는 법

이런 연구 결과들을 보면서 생각해야 할 점은 우리 자신은 물론이고 더 나아가 후대인 아이들이 고정형 마인드셋이 아닌 성장형 마인드셋을 가지도록 도와야 한다는 것이다. 그러기 위해서는 먼저 자기 자신부터 성장형 마인드셋을 가져야 한다. 고정형 마인드셋을 가진 부모나 선생님이 자녀나 학생에게 성장형 마인드셋을 가르칠 수는 없다. 자신도 모르게 고정형 마인드셋이 반영된 말과 행동을 자녀나 학생들에게 할 것이기 때문이다.

스스로 성장형 마인드셋을 먼저 장착하고 난 후에는 자녀나 학생들을 어떻게 대해야 할까? 일단 재능을 칭찬하는 것은 좋지 않다. "천재구나", "타고났네", "똑똑하네" 같은 칭찬은 아이들에게 재능이 타고나는 것이라는 믿음, 즉 고정형 마인드셋을 갖게 한다. 안타깝게도 사람들이 아이들에게 가장 많이 하는 종류의 칭찬이 이런 것들이다. 언어 습득이 빠른 아이들에겐 '언어 천재'라는 별명을 붙여준다. 어려서부터 노래나 춤에 두각을 드러내는 아이들의 '타고난 재능'에 대해서는 감탄해마지 않는다.

아이들에게는 타고난 재능을 칭찬하는 대신 지속적인 노력을 통한 성장과 발전, 배움을 칭찬해야 한다. 딸이 네 살이었을 때 나는 딸에게 발목줄넘기를 사줬다. 발목에 고리를 걸고 빙빙 돌리며 다른 쪽 발로 막대를 뛰어넘는 운동 기구이자 놀이 도구다. 내가 먼저 시범을 보이고 딸에게 해보도록 했는데, 다리에 힘이 부족해서 잘 돌리지도 못 했다. 좌절감이 들었는지 아이는 짜증을 내고 주저앉아 울며 발목줄넘기를 뿌리쳤다.

나는 지금이 바로 성장형 마음가짐을 가르칠 좋은 기회라 생각하고 유튜브에서 김연아의 영상을 검색했다. 김연아가 동계올림픽에서 금메달을 거머쥐었던 황홀한 빙상 연기 모습이었다. 딸의 눈빛은 멋지고 아름다운 '연아 이모'를 보며 반짝반짝 빛났다. 나는 "이

멋진 이모가 처음부터 이렇게 잘한 건 아니야. 이 이모도 처음엔 잘못했어. 계속 연습하다 보면 점점 잘하게 될 거야"라고 말하며, 김연아가 '연아퀸'이 되기 전인 어린 시절 훈련하던 모습을 보여주었다. 어려운 점프 연습을 하며 계속 넘어져도 다시 일어나 훈련하는 모습이었다. 그러자 용기를 얻었는지 딸은 다시 발목줄넘기에 도전했다. 그렇게 한 달 정도 꾸준히 틈 날 때마다 발목줄넘기를 연습한 결과 드디어 제대로 하는 데 성공했다.

　　이런 경험 한 번으로 성장형 마인드셋이 단단히 자리 잡는 것은 아니다. 그러나 이렇게 연습과 노력을 통해 실력을 키울 수 있다는 조언을 계속 듣고, 노력을 통해 발전하는 경험을 반복하면 성장형 마인드셋을 가진 아이로 성장할 수 있다.

　　성장형 마음가짐을 키울 수 있는 또 다른 팁은 '아직yet의 힘'을 이용하는 것이다. 직장에서 보고서를 잘못 써서 상사에게 안 좋은 소리를 듣고 좌절하고 있는 직장인은 이렇게 생각할지 모른다. '나는 정말 보고서를 잘 못 써.' 이 생각에 '아직'을 더해보자. '나는 아직 보고서를 잘 못 써.' 아직이란 말이 들어가면서, 지금은 잘 못하더라도 앞으로 발전할 수 있는 여지가 활짝 열리게 된다. 앞으로 더 노력해서 잘 써야지 하고 생각할 수 있다. 아이들에게도 그렇게 조언해주면 된다. 아이가 "나는 영어 못해"라고 말하면 "너는 '아직' 영어를 못해. 하지만 앞으로 노력해서 점점 잘할 수 있어"라고 하는 것이다. 노력을 통한 지속적 성장 가능성을 열어주는 표현이 바로 '아직'이다.

요즘 아이들이 좋아하는 미국 만화 〈개비의 매직하우스〉는 캐럴 드웩 교수가 이야기한 '아직의 힘'을 적극 도입한 것으로 보인다. 만화 속 주인공 개비는 매 에피소드에서 당면한 문제를 해결해나간다. 처음 문제를 마주했을 땐 어떻게 해결해야 할지 모른다. 이때 개비가 항상 하는 말은 "어떻게 해야 할지 몰라, 아직!"이다. 그리고 고양이 친구들과 힘을 합쳐 하나씩 방법을 찾아내고 문제를 해결해낸다. 우리도 아직의 힘을 적극 활용해보자.

우리의 후대가 실패와 어려움을 마주해도 결코 좌절하거나 실망하지 않고 성장하며 끊임없이 발전할 수 있도록, 또 우리 자신도 어려움에 기꺼이 도전하고 포기하지 않는 사람이 되도록 성장형 마인드셋을 장착할 수 있길 바란다.

28강.

새해
목표를
이루고
싶다면?

목표 의도와 이행 의도

goal intention & implementation intention

매년 새해가 되면 많은 사람이 마음을 새롭게 하고 작년보다 나은 한 해를 만들기 위해 목표를 세우고는 다시 실패한다. '올해엔 꼭 금연해야지!'라고 생각하는 사람이 모두 성공했다면 담배 산업은 지금쯤 지구 상에서 사라졌을 것이다. '올해엔 꼭 다이어트 성공해야지'라는 목표도 마찬가지다. 실제로 노력을 통해 다이어트에 성공해서 원하는 몸매를 만들고 건강을 되찾는 사람은 소수고, 훨씬 많은 사람은 그다음 해에 또 같은 목표를 세운다. '올해엔 진짜 꼭 다이어트 성공해야지.' 하지만 원하는 것과는 달리 그다음 해도 이전 해의 반복이 될 가능성이 높다.

어떤 사람들은 목표를 달성하는 반면 왜 어떤 사람들은 달성하지 못할까? 쉽게 떠올릴 수 있는 답은 성격 차이일 것이다. 타고나길 자기 조절을 더 잘하고 인내하는 사람들이 있고, 그런 사람들이 목표를 더 잘 달성한다는 생각. 물론 틀린 생각은 아니다. 어떤 사람들은 자기 조절, 자기 관리를 더 잘하는 성향을 타고난다. 이들은 계획을 세우고 잘 수행해낸다. 그러나 모든 것이 성격 때문이라는 생각은 '나는 어차피 올해에도 못 할 거니까 그냥 애쓰지 말자' 같은 변명을 스스로에게 제공하며 빠져나갈 구멍을 만들어주는 역할을 할 것이다. 성격 차이가 실제로 상당 부분 행동과 삶의 결과의 원인이 되긴 하지만 그게 다는 아니다. 사람은 자신의 성격 못지않게 노력과 상황의 차이로부터 영향을 받기 때문이다.

그렇다면 어떤 노력의 차이가 필요할까? 심리학 연구 결과들을 보면 목표를 세우는 방법 하나만 바꿔도 그 목표를 달성할 가능성이 월등히 높아질 수 있다. 일단 뛰어난 성취를 이룬 사람이 어떻게 목표를 세웠는지 살펴보며 이야기하자.

목표는 구체적으로 높게 잡자

미국 메이저리그에서 활약하고 있는 일본인 야구 선수 오타니 쇼헤이는 일본에 있을 때도 견줄 선수가 없을 만큼 뛰어났다. 일반적으로 투수들은 공을 잘 던지는 데 집중하므로 타격 연습은 다른 포지션의 선수들만큼 중요시하지 않고, 따라서 타격을 잘하지 못한다. 하지만 오타니는 괴물 투수로 불릴 정도로 뛰어난 투수인 동시에 강타자이기까지 하다. 결국 야구의 나라 미국에 가서 '야구 천재'라는 별명에 걸맞게 메이저리그의 쟁쟁한 선수들 사이에서도 최고로 꼽힐 정도로 뛰어난 실력을 보여주고 있다. 가히 전설적인 야구 선수라 할 만하다.

그런데 오타니 쇼헤이가 한국에서 유명해진 이유는 그의 뛰어난 야구 실력 외에 한 가지가 더 있다. 바로 그가 고등학교 1학년 재학 중일 때 세웠다고 전해지는 목표 달성표 때문이다. 이 표는 흔히 '만다라트 계획표'로 불린다. 다른 말로는 만달라 차트Mandala chart라고도 한다. 오타니 선수의 목표 달성표 한가운데에는 최종 목표가 적혀 있고, 그 주변에는 최종 목표를 달성하기 위한 하위 목표들이 적혀 있다. 그리고 다시 그림이 밖으로 확장되며, 각각의 하위 목표를 달성하기 위한 세부 계획이 다시 각각의 하위 목표 주변에 적혀 있다.

고등학생이었던 오타니의 최종 목표는 8구단 드래프트 1순위였고, 이 목표를 달성하기 위해 달성해야 할 하위 목표들은 몸 만들기, 제구, 구위, 멘탈 등으로 세분화되어 있었다. 오늘의 오타니가 야구 선수로서 얼마나 뛰어난 업적을 이루고 있는지를 아는 우리가 볼 때, 과거의 그가 세웠던 이 계획표는 더 귀감이 된다.

이 목표 달성표를 작성하기 위해서는 어떤 작업이 필요했을까? 우선 확고한 목표 설정이 필요하다. 오타니가 고등학생이었던 당시에 더 나은 선수 커리어를 위해 일차적으로 반드시 달성하고 싶었던 확고한 목표인 '8구단 드래프트 1순위'는 무척 구체적이다. '야구 잘하기' 또는 '최고의 선수가 되기' 같은 추상적인, 어찌 보면 뜬

구름 잡는 목표가 아니라 객관적으로 달성했는지 아닌지를 판단할 수 있는 명확한 목표다. 또한 매우 높은 목표이기도 하다. '프로야구 선수로 데뷔하기'도 많은 사람에게는 높은 목표일 것이나 오타니는 그보다 더 높은 목표를 정했다. 8구단 드래프트 1순위가 된다는 것은 동년배 일본 야구 선수 전체 중에서 1위가 되겠다는 목표다. 다시 말해 전국 1위가 되겠다는 포부를 담은 것이다.

　이처럼 구체적이면서도 높은 목표를 세운 것부터 좋은 출발이다. 왜냐하면 구체적이지 않은 목표보다 구체적인 목표가, 그리고 낮은 목표보다 높은 목표가 더 꾸준하고 많은 수행을 하도록 해주기 때문이다. 낮은 목표, 쉬운 목표는 쉽게 달성해버리므로 더 이상 그 목표를 위해 노력할 필요가 없다. 만약 오타니의 목표가 같은 나이의 야구 선수 중 전국 100위 안에 들기였다면 진작에 그 목표를 달성한 그는 더 이상의 발전을 위해 노력할 필요가 없다. 또한 구체적인 목표를 세우면 덜 구체적인 목표, 예를 들어 '최선을 다하자' 같은 목표를 세운 사람보다 더욱 헌신하며 더 열심히 목표 수행을 위해 노력한다. '좋은 야구 선수 되기'같이 구체적이지 않은 목표는 굳이 드래프트 1순위가 되지 않더라도 마음속에서 달성했다고 생각할 수 있기 때문이다.

　한국은 겸손을 격려하고 자만을 금기시하는 문화를 갖고 있다. 그래서 많은 사람이 높은 목표를 갖는 것, 혹은 높은 목표가 있다는 것을 다른 사람에게 드러내는 것을 부끄러워하는 듯하다. 내 학생들도 나와 진로 상담을 하면서 좋은 대학, 높은 순위의 대학에 진학해 대학원 공부를 하고 싶다는 포부를 드러내는 것을 쑥스러워할 때가 많다. "제가 감히 이런 꿈을 꿔도 되는지 모르겠지만…"이라는 말을 앞에 붙이기도 한다. 그러나 나는 언제나 학생들에게 높은 꿈을 꾸라고 격려한다. 목표는 높게 잡으라고, 그럴수록 더 많이 성취할 수 있다고 말이다. 그리고 구체적인 꿈을 꾸라고 말한다. 진학하고 싶은 좋은 대학원을 정하고 거기 가기 위한 단계들을 설계해보라고 조언하곤 한다.

이행 의도는 목표 달성을 위한 로드맵이다

'드래프트 1순위가 되겠어'라는 목표 달성에 대한 의도를 가지는 것을 목표 의도goal intention라 한다. 하지만 똑같이 높고 구체적인 목표를 세우고 확고한 목표 의도가 있다고 해서 모든 사람이 달성하는 것은 아니다. 물론 '나는 서울역에 갈 거야'라며 목적지를 확실히 알고 있으면 목적지조차 모르는 사람보다 서울역 가까이 갈 가능성이 높긴 하다. 하지만 거기 가는 길이 표시된 지도가 없다면 아무리 서울역에 가고 싶은 의도가 확실하더라도 실제로 도착할 수 있을지 알 수 없다. 즉, 목표 의도가 있다는 것이 목표 달성을 보장하지는 못한다.

목표 달성에 이르려면 지도가 필요하다. 그 로드맵이 바로 이행 의도implementation intention다. 이행 의도는 목표 달성을 위한 노력을 언제, 어디에서, 어떻게 할 것인지를 미리 풀어서 생각해보는 것이다. 오타니의 만다라트 목표 달성표에 적용해보면 8구단 드래프트 1순위가 되겠다는 목표 의도를 가지고, 이를 위해 세분화된 여덟 개 영역에서 노력할 것이며, 여덟 개로 세분화한 목표를 달성하기 위해 각각 방법을 적어놓은 것도 이행 의도와 비슷한 측면이 있다. 목표를 어떻게 달성할 것인지를 상세히 풀어놓았기 때문이다.

보다 엄밀히 말하면 이행 의도는 이런 형태를 띤다. "만약 A라는 상황이 되면 나는 목표 달성을 위한 B라는 행동을 할 거야." 예를 들어 올해 20킬로그램을 빼고 체지방률을 15퍼센트로 만들겠다는 목표를 가진 남성이 있다고 해보자. 목표를 달성하기 위해서는 유산소 운동과 근력 운동을 더 많이 해야 하고 식이 조절도 병행해야 한다. 이때 구체적으로 매일 저녁 6시 이후에는 음식을 먹지 않는다는 계획을 세웠어도 유혹에 넘어가기 쉽다. 그렇다면 '만약 저녁 6시 이후 배가 고프면 물을 한 컵 마신다', '물을 한 컵 마셔도 계속 무언가 먹고 싶다면 양치를 한다', '양치를 해도 식욕이 없어지지 않으면 자리에서 일어나 밖으로 나가 동네 한 바퀴를 걷고 온다'와 같이 어떤 상황에서 어떤 행동을 통해 목표 달성을 향해 다가갈지 세부적으로 정하는 것이 이행 의도이다. 칼로리 높은 디저트를 먹지 않겠다는 목표를 잘 이행하기 위해서는 '카페에 가면 반드시 따뜻한 아메리카노만 주문한다'나 '입이 심심하거나 간식이 당길 땐 언제나 오이를 먹는다' 등의 이행 의도를 만들어볼 수 있다. 최종 목표를 달성하기 위해서는 규칙적인 운동도 해야 한다. 이를 위해서는 '퇴근해서

집에 도착하면 다른 것을 하기 전에 무조건 트레이닝복으로 갈아입고 나가서 30분간 조깅한다', '매일 아침 알람이 울리면 바로 일어나 스트레칭을 한다' 또는 '엘리베이터 탈 일이 있으면 반드시 계단으로 올라간다' 같은 이행 의도를 정할 수도 있다.

이처럼 이행 의도는 언제, 어디에서, 어떻게 목표 달성을 위한 행동들을 할지 풀어놓은 것이므로, 이행 의도를 가진 사람은 목표 달성을 위해 행동할 기회를 더 잘 파악할 수 있고, 실제로 그 행동을 더 많이 더 꾸준히 할 수 있다. 목표 의도가 있어도 목표를 달성하지 못하는 여러 이유 중에는 목표 달성을 위해 행동할 기회를 놓치는 경우, 유혹에 빠져서 목표 달성을 위한 행동을 포기하는 경우들이 있다. 이행 의도는 이 상황에서 효과적으로 목표 달성을 위해 행동할 수 있게 해준다. 높은 층에 올라가야 할 때 엘리베이터를 타는 대신 계단을 택하면 생활 속에서 따로 시간을 많이 들이지 않고도 효율적으로 운동량을 채울 수 있다. 그럼에도 불구하고 다이어트 목표를 세운 사람이 운동을 더 해야 한다고 생각하면서도 이처럼 좋은 기회를 무심결에 지나칠 때가 많다. 이행 의도는 이런 기회를 알아차리도록 해준다.

또한 이행 의도는 유혹에 빠져 목표 달성을 위해 노력하지 못하는 상황을 막아준다. 한밤중에 야식이 당길 때, 오늘만 먹자는 생각이 들 때는 이성이 잘 작동하지 않는다. 충동적으로 유혹에 넘어가 다이어트라는 목표에서 한 걸음 멀어질 수 있다. 그러나 밤중에 배가 고프면 물을 마시고 양치하고 동네 한 바퀴를 걷고 온다는 이행 의도가 있으면 유혹의 상황을 효과적으로 이겨내기 쉬워진다.

좋은 소식은, 이행 의도의 효과는 달성하기 힘든 목표일수록, 어려운 프로젝트일수록 더 빛을 발한다는 것이다. 독일의 심리학자들이 흥미로운 실험 연구를 했다. 연구 참가자들은 크리스마스 방학 동안 달성하고 싶은 쉬운 목표 하나와 어려운 목표 하나씩을 각각 적고, 이 목표들을 달성하기 위한 이행 의도를 가지고 있는지에 대해 응답했다. 쉬운 목표는 대체로 소설 한 권 읽기, 친구에게 편지 쓰기 등의 간단한 일이었다. 어려운 목표들은 기말 보고서 다 쓰기나 이사할 집 구하기 등 한 번에 끝내기 어려워서 복잡한 일련의 과정을 끈기 있게 수행해야 하는 일이었다.

연구자들은 크리스마스 방학이 끝난 후 참가자들에게 연락하여 이전에 기록한 쉬운 목표와 어려운 목표를 각각 성취했는지 물었다. 그 결과, 어려운 목표의 성취율은 이행 의도가 없는 경우에는 22퍼센트밖에 되지 않았다. 반면 이행 의도를 가지고 있었던 사람들은 62퍼센트나 목표를 달성했다. 3배나 많은 성공률이다. 흥미롭게도 쉬운 목표에 대해서는 이행 의도의 효과가 이보다 작았다. 그러나 쉬운 목표도 여전히 이행 의도가 없는 사람의 성공률 78퍼센트보다 이행 의도가 있는 사람의 성공률 84퍼센트가 더 높았다. 그 차이가 어려운 목표에 비해 훨씬 줄어들긴 했지만.

쉬운 목표는 이행 의도가 없더라도 쉽게 달성할 수 있다. 그러나 목표가 어려울수록 상당한 기간 동안 자기 조절을 하며 틈틈이 그리고 꾸준히 달성을 위한 작업들을 해내야 한다. 그렇기에 목표 성취를 위해 활동할 수 있는 기회를 잡고, 유혹에 흔들리지 않고 그 일들을 하도록 도와주는 이행 의도의 저력이 더 크게 발휘된 것이다.

우리는 누구나 크고 작은 목표들을 가지고 살아간다. 중요성이 크고 그만큼 달성하기 어려워서 긴 시간 동안 많은 노력이 필요한 목표도 많다. 중·고등학생이라면 내신 성적 몇 등급 올리기, 수능 모의고사 성적 몇 점 올리기 같은 학업에 관한 목표일 수도 있고, 대학생이라면 자격증 따기나 영어 점수 몇 점 올리기 같은 미래의 커리어와 관련된 목표일 수도 있다. 금연이나 운동 등 건강에 관한 목표도 있을 것이다. 어떤 영역이든 일단 목표 의도가 있다는 것은 목표를 이루고 성취하길 원한다는 것이다. 우리 모두 자신의 목표를 이루어낼 수 있으면 좋겠다. 이를 위해 구체적이고 높은 목표를 정하고, 이행 의도를 가져보길 바란다. 나도 이 책을 쓰면서 '매일 저녁 딸이 유치원에서 하원하면 나는 카페에 가서 글을 쓴다'라는 이행 의도를 실천했다. 내가 목표 성취를 위한 활동을 할 수 있도록 그 시간 동안 육아를 담당해주는 남편과 부모님께 감사하면서.

29강.

다이어트가 힘든 이유

자기 조절 에너지와 자아 고갈

self-control resource & ego depletion

나는 살이 잘 찌는 체질이다. 어렸을 땐 통통했고, 대학생 땐 부단한 식이 조절과 운동을 포함한 엄청난 자기 조절로 나름 만족스러운 체중을 유지했다. 그러나 물 위에 떠 있기 위해 백조가 끊임없이 발을 휘젓는 것처럼, 나는 체중과 신체 비율을 유지하기 위해서 계속 노력하고 관리해야 했다. 노력을 조금이라도 게을리하거나 멈추면 여지없이 바로 살이 쪘다. 그래서 내 삶은 끊임없는 다이어트의 연속이라 해도 과언이 아니다. 아이를 낳고 몇 년이 지난 지금의 나는 다이어트 시도와 실패의 연속을 살아가고 있다.

    나의 경우에는 체중을 줄이기 위해 노력하지만, 반대로 마른 사람들은 체중을 늘리려고 노력하기도 한다. 애써서 식이 조절과 운동을 통해 체중을 늘려도 관리에 신경 쓰지 못하면 다시 체중이 빠지는 사람들도 있다. 물론 고칼로리 음식과 맛있는 간식이 넘쳐

나는 현대사회에서는 살을 빼고 싶은 사람들의 비율이 압도적으로 높긴 하다.

어쨌든 오랜 세월 동안의 경험 덕에 나는 다이어트가 얼마나 힘든 일인지 알고 있다. 이론은 간단하다. 섭취하는 열량보다 소비하는 열량이 높으면 된다. 더 적게 먹고 더 많이 움직이면 된다. 모두가 아는 단순한 진리다. 하지만 이것이 결코 쉽지 않은 이유는 무엇일까? 그 이유는 인간의 자기 조절 능력에 한계가 있기 때문이다.

자기 조절을 한마디로 말하면 충동적이고 자동적인 행동을 중단시키는 능력이자 행위다. 운전으로 치면 가속페달을 밟는 것이 아니라 브레이크를 밟는 것에 비유할 수 있다. 생각해보면 어떤 행동을 하는 것보다 하지 말아야 할 행동을 안 하는 데 더 많은 에너지가 필요하다. 초콜릿을 먹는 데도 근육을 움직이고 소화시키는 에너지가 필요하다. 하지만 먹고 싶은 초콜릿을 먹지 않기 위해 참는 것이 훨씬 힘들다. 자기를 조절하는 능력, 즉 충동적인 행위들에 제동을 거는 능력이야말로 인간을 인간답게 만드는 것이다.

자기 조절에도 에너지가 필요하다

이런 상상을 해보자. 지금 눈앞에 갓 구워 오븐에서 꺼낸 따끈따끈한 초콜릿 쿠키가 접시 위에 놓여 있다. 온기와 함께 달콤하고도 고소한 쿠키 향기가 코를 자극하며 방 안에 퍼진다. 저절로 쿠키에 손이 가고, 원초적 본능의 힘으로 입 쪽으로 가져온다. 하지만 누군가가 갑자기 다급하게 손을 내저으며 그 쿠키는 다음에 올 사람들을 위한 것이니 먹으면 안 된다고 하고 당신에게는 홍당무를 먹으라고 내민다면 어떨까?

진짜 너무한다. 그럴 거면 쿠키를 앞에 놓지나 말 것이지, 눈앞에 있는 것을 먹지 말고 아무 맛도 없는 홍당무를 먹으라니…. 이런 상황에서 쿠키로 향하는 손을 멈추고 충동을 참아내기 위해서는 많은 애를 써야 한다. 유혹적인 향기를 맡지 않기 위해 코를 틀어막아 보거나, 쿠키를 바라보지 않고 외면할 수도 있다. 맛없는 홍당무를 입에 밀어 넣고 우적우적 씹으며 대리 만족을 얻을지도 모른다. 아니면 마음을 달래며 '난 쿠키를 싫어한다. 난 쿠키를 싫어한다' 하고 마음속으로 주문을 외울지도?

이처럼 충동을 참아내고, 기존에 하려고 했던 행동을 변화시키거나 다른 행동을 덮어씌우기 위해서는 자기 조절 능력이 필요하다. 자기 조절self-control이란 개인의 충동이나 습관 등을 극복하고 생각과 감정과 행동을 변화시키는 능력으로, 스스로의 기대를 충족시키기 위하여 자신을 감시하고 조절하는 것이다. 따끈따끈하고 달콤한 쿠키를 먹고 싶은 충동이 발생하지만, 이때 자신에게 주어진 지시를 지키기 위해 충동을 억누르고 맛없는 홍당무를 먹는 행동의 변화는 자기 조절 능력에 의해 가능하다.

쿠키 대신 홍당무를 먹어야 하는 상황은 자기 조절 연구의 대가인 미국 심리학자 로이 바우마이스터Roy Baumeister가 실시한 실험의 한 장면이다. 실험 참가자들은 눈앞에 있는 쿠키의 냄새를 맡으면서도 먹지 못하는 상태로 방 안에서 10분 이상 홀로 앉아 있어야 했다. 이를 몰래 관찰한 '교활한' 연구자들의 보고에 의하면 어떤 참가자들은 지시에도 불구하고 쿠키를 먹을까 말까 주저하는 모습을 보였고, 어떤 사람은 심지어 손에 들고 킁킁 냄새를 맡기까지 했다. 얼마나 큰 유혹을 참아내야 했는지 짐작이 가는 대목이다.

이 실험의 참가자들처럼 자기 조절을 하기 위해서는 에너지를 사용해야 하는데, 에너지는 한정되어 있을 뿐 아니라 실질적인 자원에서 나온다. 그렇기에 집중적으로 자기 조절을 하면 한정된 자기 조절 에너지는 고갈되고 만다. 이것을 자아 고갈 ego depletion 이라고 한다. 자기 조절을 위한 자원이 사라져서 더 이상 자기 조절을 잘할 수 없는 상태다. 마치 가뭄철에 물이 채워지지 않는 상수원에서 계속 식수를 끌어다 쓰면 물이 고갈되어 말라버리는 것처럼 말이다.

그래서 쿠키 대신 홍당무를 먹는 자기 조절을 했던 실험 참가자들은 이미 한 번 자기 조절을 하며 자원을 사용했기 때문에, 이어서 실시된 자기 조절 과제에서 좋은 결과를 내지 못했다. 예를 들어 매우 어려운 문제 풀이를 위해 시간을 얼마나 들였는지를(실제로는 해결이 불가능한 문제지만 참가자들은 이 사실을 몰랐다) 체크해보니 쿠키를 맛나게 먹은 참가자들에 비해 쿠키를 먹지 못하고 참았던 참가자들은 문제 풀이를 훨씬 빨리 포기해버렸다.

이 연구로 알 수 있는 것은 자기 조절에 사용되는 에너지가 범용이라는 것이다. 이 에너지는 자기 조절이 필요한 모든 종류의 작업에 활용된다. 우리는 언제, 얼마나 자주 자기 조절을 해야 할까? 알고 보면 놀라울 정도로 항상 자기 조절을 하며 살아가고 있다. 정상적인 사회생활을 하고 있는 것 자체가 자기 조절의 결과라 봐도 무방하다. 직장에서 상사에게 예의 있게 대하는 것, 말을 안 듣고 떼쓰는 아이에게 소리 지르지 않고 부드럽게 타이르고 달래는 것, 직장 동료를 웃는 얼굴로 맞이하는 것, 내가 평소 좋아하지 않는 사람을 대할 때 싫은 티를 내지 않는 것, 부장님의 재미없는 아재 개그에 억지 미소라도 지어주는 것, 연인과 갈등할 때 즉흥적으로 "헤어져!"라는 말이 튀어나오지 않게 참는 것 등.

일과 관련해서도 자기 조절은 반드시 필요하다. 아침에 졸린 눈을 비비며 억지로 알람에 맞춰 일어날 때, 드라마 보고 싶은 충동을 억누르며 온라인 강의를 들을 때, PC방 가자는 친구들의 유혹을 물리치고 내일 볼 중간고사를 준비할 때도 자기 조절을 한다. 여기에 다이어트라도 할라치면 군것질 참기, 피곤해도 운동하기, 음료수 대신 물 마시기 등의 추가적인 자기 조절까지 더해진다.

연애할 때 거의 싸우지 않거나 심지어 한 번도 싸우지 않았던 연인도 결혼 준비를 하면서는 많이 싸운다는 이야기를 들어보았을 것이다. 실제로 경험한 부부도 많을 것이다. 이런 일들이 일어나는 이유도 자아 고갈의 관점에서 생각해볼 수 있다. 의사 결정은 자기 조절 에너지를 많이 사용하는 일이다. 선택의 후보가 되는 여러 옵션의 장단점을 면밀하게 따져보고 그중 이상적이라 생각하는 옵션을 선택하는 굉장히 복잡한 작업이기 때문이다. 그런데 결혼 준비는 중요한 의사 결정의 연속이다. 예식장은 어디로 정할지, 결혼 날짜와 시간은 언제로 할지, 하객은 몇 명이나 초대할지, 웨딩 사진 스튜디오와 드레스, 메이크업은 어디에서 할지, 신혼집은 어디에 마련하고 신혼여행은 어디로 갈 것이며 예산은 얼마나 정할지, 상견례는 어디에서 언제 할 것인지 등 결정해야 할 것이 너무 많다. 그만큼 예비 신부와 신랑에게는 자아 고갈이 급격히 일어난다. 이전까지는 연인의 행동에서 마음에 들지 않는 측면이 있어도 화내지 않고 감정을 가라앉힌 후 대화로 잘 해결할 수 있었다. 그러나 일련의 복잡하고 중요한 의사 결정들로 자기 조절 에너지가 고갈되어버린 남녀는 갈등의 불씨 앞에서 더 이상은 그럴 수 없다. 화나면 버럭 화를 내고 섭섭한 감정도 쏟아낸다.

자아 고갈의 결과

단기적 욕구를 충족시키는 행위 또는 습관적이거나 자동적인 행동을 억제하고 장기적 목표를 달성하기 위해 하는 행동, 기본적으로 개인의 마음속에서 우러나와서 하는 행동이 아닌 거의 모든 행동이 자기 조절의 결과물이라 할 수 있다. 그렇기에 자기 조절은 사회관계적·학문적·직업적·신체적 측면을 포함한 삶의 모든 측면에서 성공적인 삶을 살아가는 데 반드시 필요하다. 그래서 우리는 하루 종일 자기 조절 에너지를 사용하면서 생활한다.

이처럼 한정된 자기 조절 에너지가 일단 고갈되면 더 이상 충동을 억제하거나 집중력을 요하는 작업을 잘해내기 어렵다. 아무리 강인한 정신력으로 극복하려 해도 그렇다.

자아 고갈이 일어난다고 해서 자기 조절 에너지가 다시는 회복되지 않는 것은 물론 아니다. 만약 그렇다면 모든 사람은 생애 초반에 잠깐 자기 조절을 한 뒤 남은 평생을 충동의 지배를 받으며 살아가야 할 것이다. 자기 조절 에너지를 회복시키는 방법은 여러 가지다. 가장 직접적인 방법은 충분한 휴식과 당 충전이다.

실험 결과들을 보면 뇌의 주요 에너지원인 글루코스$_{glucose}$, 즉 포도당을 섭취하면 자아 고갈이 일어났더라도 자기 조절 활동을 잘 해낼 수 있다. 포도당이라고 하면 거창해 보이지만 설탕물, 오렌지 주스 등을 마셔서 당을 충전해주면 된다.

일상에서 '기 빨린다' 또는 '당 떨어졌다' 등의 표현을 쓰는 순간들을 생각해보면 자기 조절 에너지가 고갈되는 상황이 많음을 알 수 있다. 그리 가깝지 않은 지인과 어색한 대화를 이어가야 하는 상황을 생각해보자. 어색함을 드러내지 않기 위해 표정을 관리해야 하며, 아무도 말을 꺼내지 않아 고요해진 어색한 분위기를 만회하기 위해 억지로 계속 대화 소재를 생각해내야 한다. 별로 즐겁지 않은 상황에서 미소도 지어야 한다. 우리는 이런 상황에서 '기가 빨린다'. 자기 조절 에너지가 고갈된다. 이런 자리에 달콤한 간식이나 음료가 놓여 있으면 도움이 된다. 당을 보충하며 고갈된 자기 조절 에너지를 충전할 수 있으니까.

충분한 휴식과 수면도 자기 조절 에너지를 회복시킨다. 푹 자고 상쾌하게 일어난 아침에 집중이 잘되고 자기 조절도 잘 이루어지는 것은 이러한 이유에서일 수 있다. 반면 다이어트를 할 때 왜 유독 한밤중에 폭식하고 무너지는 일이 많을까? 어차피 배는 하루 종일 고팠는데…. 밤이 되면 그날의 자기 조절 에너지가 거의 고갈되어 더 이상 참을 힘이 남아 있지 않을 가능성이 높기 때문이다.

다이어트를 위한 팁

이제 다이어트가 왜 그렇게 힘든지를 잘 이해할 수 있을 것이다. 당을 섭취하면 자기 조절에 도움이 된다. 다이어트를 위해 식이 조절을 하는 것도 자기 조절이므로 당을 섭취하면 조절에는 도움이 될 수 있다. 하지만 당 섭취 자체는 다이어트의 방해 요소다. 즉, 다이어트할 때는 자기 조절 에너지가 고갈된 상태로 자기 조절을 해내야 한다. 매우 힘든 프로젝트라 볼 수 있다. 지친 몸과 마음으로 고픈 배를 부여잡으면서 식이 조절을 하는 것은 실로 엄청난 일이다.

그렇다면 어떻게 해야 할까? 자기 조절의 대가들은 다른 사람들보다 유혹을 더 효과적으로, 더 잘 이겨내기보다는 유혹의 상황에 자신을 최대한 노출시키지 않는다. 자기 조절 에너지를 고갈시킬 만한 환경들을 미리 차단하는 것이다. 다이어트를 잘하기 위해서도 이 방법을 적용하는 것이 좋다. 집에 고칼로리의 간식을 쌓아

두고 유혹을 참아내는 것은 귀중한 자기 조절 에너지를 무의미하게 고갈시키는 일이다. 집에 간식이 없으면 그것을 안 먹기 위한 자기 조절이 필요하지 않다.

집에 있는 간식을 모두 버리고 마트에서도 간식 코너에는 발을 들이지 않는 방법으로 유혹을 피하는 것이 좋다. 간식 코너를 피하는 데도 자기 조절 에너지가 필요할 수 있다. 든든하게 배를 채운 후에 장을 보라. 금연하는 사람들도 먼저 담배와 라이터를 버리자. 담배 피우고 싶은 유혹이 생길 만한 장소인 술자리나 흡연자와의 만남 등도 피하는 등 유혹 자체를 피하자. 이것이 효과적인 자기 조절을 통해 성공적인 금연에 다가가는 방법이다.

또 다른 좋은 방법은 운동이나 식사 전에 물 한 컵 마시기 등 다이어트에 도움이 되는 행동들을 습관으로 만드는 것이다. 그때그때 운동을 위해 자기와 씨름하고 자기 조절 에너지를 사용할 것이 아니라 눈뜨면 잠결에라도 바로 트레이닝복으로 갈아입고 밖으로 뛰어나가는 습관을 만들자. 일단 습관이 되면 더 이상 그 행동을 하느라 자아 고갈이 일어나지는 않는다. 말 그대로 습관적이고 자동적으로 행동하기 때문이다. 자기 조절의 대가들은 자기 조절 에너지를 좋은 습관을 만드는 데 쏟아붓고, 이후에는 좋은 습관을 바탕으로 살아가며, 자기 조절 에너지는 더 의미 있는 일을 하는 데 사용한다.

놀랍고 재미있는 사실이 있다. 휴식을 취하거나 당을 섭취하지 않더라도 자기 조절 에너지를 회복시키는 몇 가지 방법이 있다. 그

중 하나는 긍정적 감정 경험이다. 실험 결과에 따르면 재미있는 코미디 영상을 보거나 깜짝 선물을 받는 등 긍정적 정서, 기분 좋은 감정을 경험하면 자아가 고갈돼도 다시 자기 조절을 할 수 있는 힘이 생긴다. 다이어트하느라 힘들 땐 긍정적 감정을 경험할 수 있는 활동을 많이 하면 좋다. 좋아하는 사람들과 산책하고, 웃음을 주는 영화나 영상들도 보자. 긍정적인 감정을 느끼면 당을 섭취하지 않아도 자기 조절할 힘을 낼 수 있다.

마지막으로, 좋은 소식이 한 가지 있다. 자기 조절 에너지는 고갈되기도 하지만, 근육처럼 반복적이고 지속적으로 연습하면 자기 조절 능력이 강화되기도 한다는 것이다. 근육의 힘처럼 말이다.

근육을 강화하기 위해 특정 근육을 지치도록 만드는 운동을 주기적으로 반복하면 그 근육의 힘이 더 강해진다. 자기 조절도 마찬가지이며, 영역에 구애받지도 않는다. 악력기를 오래 쥐고 있기나 서 있는 자세를 바르게 하기와 같이 전혀 상관없는 자기 조절 활동을 연습하면 다이어트나 금연할 때도 자기 조절을 더 잘할 수 있다.

자기 조절의 원리를 알고 삶에 잘 적용하면 성공적인 자기 조절과 자아 고갈 해소를 통해 다이어트든 금연이든 자격증 취득이든 숙원이었던 목표에 더 쉽게 다가갈 수 있을 것이다.

30강.

두
얼굴의
한국인?

정체성 일관성의 문화적 차이

identity consistency

"엄마가 좋아, 아빠가 좋아?" 한국에선 무척 고전적인 질문이다. 요즘은 어른들이 아이들에게 이런 질문하는 것을 잘 보지 못하지만, 내가 어렸을 때만 해도 어른들이 아이들에게 누가 더 좋은지 묻곤 했다. 아이 입장에선 엄마와 아빠 모두를 세상에서 가장 사랑하고 신뢰할 테니 누구를 더 좋아하는지 묻는 것은 아주 짓궂고 곤란한 질문이다. 물론 어른 입장에선 아이가 귀여워서 말을 걸고 놀려보고 싶기도 해서 질문하겠지만 말이다.

  나도 어렸을 때 부모님의 친구들로부터 종종 이 질문을 들었다. 순수하고 여린 마음의 소유자였던 나는 고개를 들지 못하고 배실배실 웃으며 기어들어가는 목소리로 "똑같이 좋아요"라고 답하곤 했다. 그런데 어느 날 아버지는 묘안이 떠오른 듯 나에게 이렇게 이야기하셨다. "아빠 친구가 물어보면 아빠라고 대답하고, 엄마 친구가 물어보면 엄마라고 대답해." 돌이켜 추측해보면 아버지의 뜻은 이런 것이었으리라. '내 친구들은 엄마보다 아빠를 더 좋아한다는 답을 더 좋아할 것이다. 딸이 엄마보다 아빠를 좋아한다고 대답하면 내 친구들 앞에서 내 기가 산다.' 어린 나이였음에도 이 대화가 생생히 기억나는 것은 나에게 새로움과 일정한 충격파를 주었기 때문일 것이다. 어린이 입장에서도 좋은 생각 같았다. 지금 내가 분석하듯이 복잡한 인간의 심리를 판단했기 때문은 아니었다. 단순한 원칙에 따라 대답하면 되기에 앞으로는 그 곤란한 질문 앞에 우물쭈물할 필요가 없었기 때문이다. 그 후엔 정말로 이런 질문을 들을 때마다 척척 대답하며 상황을 모면했다.

아버지가 알려준 비결은 나를 정직하지 못한 사람으로 만든 것일까? 언제 어디에서 어떤 사람이 어떤 질문을 던지더라도 나의 진짜 속마음을 먼저 발견한 뒤 '엄마와 아빠 중 누구를 더 좋아하는지'를 꿋꿋이 말할 수 있는 사람이 되도록 도와주지 못한 것일까? 나는 그렇지 않다고 생각한다. 어차피 그저 아이와 대화하기 위한 목적으로 던지는 별 뜻 없는 질문일 테니 말이다. 나의 아버지는 일종의 '처세술'을 어린 나에게 알려주셨다. 적어도 "엄마가 더 좋아, 아빠가 더 좋아?"라는 질문에 대해서는, 언제 어디서나 동일한 태도를 유지하는 꿋꿋함보다는 주어진 상황에서 대화를 어색하지 않고 즐겁게 이어나가는 것이 더 중요하다고 생각하셨기 때문이다.

정직함인가, 융통성 없음인가?

이처럼 어떤 상황에서도 변치 않는 모습을 유지하는 것보다는 그때그때 주어진 상황과 분위기에 잘 녹아드는 것이 더 좋은 가치로 여겨질 때가 있다. 한국에서는 더더욱 그렇다. 환경이나 맥락이 변해도 원칙을 유지하거나 본연의 모습을 대쪽같이 보여주려는 사람은 우리나라에서 '고지식하다' 또는 '융통성이 없다' 등의 부정적인 평가를 받기도 한다. 한국과 중국, 일본을 포함하는 집합주의 문화권에서 대체로 나타나는 현상이다. 집합주의 문화에서는 개인의 내면보다는 다른 사람들과의 관계, 관계에서 얻는 평판, 집단의 조화와 평안을 위해 개인이 수행해야 하는 역할 등이 더 중요하다.

내가 좋아해 마지않는 음식을 나와 대화 중인 상대가 싫어한다면 그 사람과의 대화에서는 굳이 좋은 티를 내지 않을 뿐 아니라 더 나아가 상대의 말에 옅은 미소를 짓고 고개도 끄덕여가며 동의하는 몸짓도 할 수 있다. 심지어 그 음식의 단점 한두 개 정도는 맞장구치듯 읊으며 말이다. 한국에서는 그래도 위선자, 혹은 겉과 속이 다른 사람이라고 말하지는 않는다. 왜냐하면 한국인에게 자신의 일관성을 유지하는 것은 주어진 사회적 역할을 잘 수행해내는 것에 비해 덜 중요하니까. 그래서 '일관적이지 않으면 어떤가? 좋은 대화 상대가 되는 것이 더 중요하다'와 같이 생각할 수 있는 것이다.

어린 시절의 내게도 '엄마와 아빠 중 누가 더 좋은가'라는 질문을 받고 내 내면을 파악한 뒤 꿋꿋하게 어떤 상황에서도 선호를 말하는 것은 사실 그리 중요한 일이 아니었다. 그보다는 아빠 친구들에게 아빠를 더 좋아한다고 답함으로써 질문한 사람과 아빠를 기쁘게 하는 것이 더 좋았고 중요했다.

하지만 모든 문화권에서 그렇지는 않다. 개인주의 문화가 강한 미국에서는 이 사람과 저 사람에게 서로 다른 모습을 보이면 '이중적인two-faced' 사람이라고 평가받기 쉽다. 미국 문화에서 무척 부정적인 수식어다. 즉, 한국처럼 융통성과 사회생활 기술 등으로 여겨주지 않는다는 것이다. 개인주의적 국가인 미국은 개인의 정체성이 일관된 것을 높은 가치로 여기기 때문이다. 혼자 있을 때의 자신과 직장에서 동료들을 대할 때의 자신, 가족들과 단란한 시간을 보낼 때의 자신, 친구들과 여가를 즐길 때의 자신, 출퇴근길에 만나는 낯선 사람들을 대할 때의 자신이 모두 일관된 모습인 것이 바람직한 가치이다. 가족에게는 한없이 살갑고 부드럽지만 낯선 사람에게는 고드름처럼 냉랭한 모습은 일관된 모습이라 볼 수 없다. 그뿐 아니라 이렇게 서로 다른 상황에서도 자기 정체성의 일관성을 유지하는 사람들이 더 행복한 삶을 살아간다.

타인의 평가가 중요한 이유

서은국 교수는 한국 사람들과 미국 사람들을 대상으로 한 재미있는 심리학 연구를 통해 이런 문화 차를 보여주었다. 먼저 한국과 미국의 대학생들에게 각각 성격을 나타내는 20개의 형용사를 제시했다. 예를 들어 '감정적인', '따뜻한', '사무적인', '정직한' 등이었다. 사람들은 이 단어들이 여러 사회적 맥락에 있는 자신을 얼마나 잘 설명하는지 응답했다. 즉, 내 본연의 모습은 얼마나 따뜻한가? 가족과 있을 때의 나는 따뜻한 사람인가? 친구들과 있을 때 나는 얼마나 따뜻하지? 나는 낯선 사람을 따뜻하게 대하나? 등이다. 이처럼 여러 상황에서의 모습을 각각 평가한 뒤 한국인과 미국인이 각각의 맥락들에서 얼마나 일관된 모습을 보이는지를 통계적으로 분석했다.

그러자 역시 한국인보다 미국인들이 여러 종류의 다른 사람을 대할 때 비교적 일관적인 모습을 보이는 것으로 나타났다. 달리 표현하면 어떤 미국 사람이 친구들과 있을 때의 모습을 바탕으로 그가 낯선 사람을 대할 때의 모습도 어느 정도 잘 예측할 수 있다는 의미이다. 이를 '정체성 일관성identity consistency'이라고 한다. 서로 다른 사회적 맥락에서도 개인의 정체성이 일관적으로 유지되는 정도를 의미한다.

한국인은 미국인에 비해 정체성 일관성이 낮았다. 미국 대학생들에 비해 한국 대학생들은 서로 다른 맥락에서 자기 자신을 상당히 다른 모습으로 묘사했고, 교수를 대할 때의 모습은 본연의 모습을 거의 예측할 수 없는 수준으로 달랐다. 교수로서 많은 학생을 마주하고 상호작용하는 나로서는 좀 착잡하게 느껴지는 결과다. 아마 예의 바르게 행동하느라 그러겠거니 하면서도, 학생들이 내게 보여주는 모습은 본연의 모습과는 많이 다르겠구나 하는 생각이 든다.

물론 미국 대학생들도 사람인지라 로봇처럼 모든 상황과 모든 사람 앞에서 동일한 모습을 보이지는 않는다. 이들도 낯선 이를 대할 때는 다른 사람들과 상호작용할 때보다 자기 본연의 모습과 많이 다른 모습을 보인다고 답했다. 부모님이나 친구와 있을 때는 자기의 본질적인 모습과 더 비슷하고 말이다. 그러나 미국 학생들이 낯선 사람과 있을 때 보여주는 일관성 수준은 한국 학생들이 친구들과 있을 때 보여주는 일관성 수준보다 높았다!

그렇다면 '알고 보니 한국 사람은 두 얼굴의 사나이다'가 이 연구의 교훈일까? 그렇지는 않다. 중요한 것은 한국 사람들이 왜 이렇게 맥락에 따라 다르게 행동하느냐다. 그 이유는 한국 사람들이 이 사람과 저 사람 앞에서 일관되게 행동하는 것에서 오는 이익이 미국 사람들보다 더 적기 때문이다. 미국 사람들은 정체성이 일관적일수록 더 큰 행복을 누린다. 하지만 한국인의 행복에 더 중요한 것은 일관성보다는 다른 사람들로부터 좋은 평가를 받는 것이었다. 즉, 주어진 사회적 상황에서 상대방에게 긍정적인 평가를 받는 것이 문화적으로 중요하고 자신의 행복에도 중요하기 때문에 상황에 따라 다른 모습을 보여준다.

물론 한국 사람들도 겉 다르고 속 다른 사람을 무조건 좋게 평가하지는 않는다. 앞에선 착한 척하고 뒤에선 다른 사람들에게 해를 끼치는 행동을 하는 사람을 좋아하지 않는 데는 문화 차가 없다. 그러나 남들에게 해가 되지 않는 선에서 어느 정도의 융통성 있는 인상 형성은 한국 사회에선 값어치가 있다.

다만 가족과 친구들 앞에서 천사 같은 사람이 낯선 사람들에게 너무 모나거나 냉정하고 차가운 사람이 되는 것은 아닌지 생각해보면 좋겠다. 거리를 돌아다니며 마주치고 스쳐 지나가는 대부분의 사람들이 낯선 이라는 점에서, 서로 더 친절하고 따뜻하게 대하는 것이 나쁜 사회는 없을 테니 말이다.

31강.

모두의
말이
옳소

분석적-종합적 사고 양식의 문화 차

analytic versus holistic thinking style

조선 초기의 명재상 황희는 대한민국 국민이라면 모르는 사람이 없을 정도로 존경받는 인물이다. 그가 공적으로 남긴 업적에 관해 모르는 사람도 그의 성품을 보여주는 여러 일화는 많이 들어봤을 것이다. 대표적인 예가 하인들의 싸움을 말리는 이야기이다.

어느 날 의견 차이로 싸우고 있던 하인들 중 한 명이 책을 읽고 있던 황희에게 다가와 자신의 입장을 호소했다. 그 말을 들은 황희는 "네 말이 옳다"라고 말했다. 그러자 다른 하인도 반대되는 자신의 입장을 이야기했다. 이에 대해 황희는 "네 말도 옳다"라고 했다. 보고 있던 황희의 아내가 "둘이 서로 반대되는 이야기를 하는데 어떻게 둘 다 옳을 수가 있나요? 한 사람은 틀려야죠" 하자, 황희는 "당신 말도 옳소"라고 답했다.

이 이야기는 서로 다름을 포용하는 것에 대한 교훈담으로 회자

된다. 한국인들은 모순을 포용하는 태도에 대한 교훈을 주는 이 일화를 종종 소환하며 좋아한다.

하지만 다시 한번 생각해보면 황희의 아내가 한 말이 마음에 걸린다. 반대되는 주장이 동시에 모두 옳을 수 있을까 하는 질문 말이다. 논리적으로 생각해보면 상반되는 주장 중 한 가지가 옳다면 다른 한 가지는 틀릴 수밖에 없다. 까마귀가 검다는 말과 까마귀가 희다는 말이 둘 다 옳을 수는 없다. 까마귀가 검다는 말이 옳으면 까마귀가 희다는 말은 틀린 말이 된다. 두 주장이 모두 옳을 수 있는지의 문제는 단순히 모순을 포용하는 태도라고 끄덕이며 지나가기엔 진지한 고민을 요한다.

이 일화를 심리학적으로 풀어본다면, 황희와 그의 아내의 차이는 생각하는 방식의 차이, 즉 인지 양식cognitive style의 차이에 기인했다고 할 수 있다. 인지 양식은 세상을 이해하고 문제를 해결해나가는 접근 방식이다. 마음속에서 정보를 처리하고 생각을 정리하는 방식이라고도 볼 수 있다. 인지 양식은 크게 종합적 사고 양식holistic thinking style과 분석적 사고 양식analytic thinking style으로 구별할 수 있다. 앞의 이야기에서 황희는 종합적 사고 양식을 보여주고, 황희의 아내는 분석적 사고 양식을 보여준다. 이 둘의 생각하는 방식이 어떻게 다른지 구체적으로 살펴보자.

모순을 대하는 태도와 맥락에 대한 고려

종합적 사고 양식은 황희처럼 모순을 포용하고 반대되는 생각을 동시에 받아들이는 것이다. 종합적 사고 양식의 정도를 알아보기 위한 측정 도구 중에 이런 문항이 있다. "추하면서 동시에 아름다운 것들도 있을 수 있다." 이런 문항도 있다. "심지어 모순적으로 보이는 서로 다른 두 생각이 각각 가치를 담고 있을 수 있다." 황희의 예와 비슷한 상황이다. 어떤 것이 뜨거우면서도 동시에 차가울 수 있는지, 정반대인 생각이 동시에 모두 옳을 수 있는지에 대한 판단. 여기서 그럴 수도 있다고 생각할수록 종합적 사고 양식에 가깝다. 치우치지 않는 중용, 그리고 반대되어 보이는 양극의 조화를 강조했던 도교적 사고방식과 비슷하다. 즉, 반대 개념으로 보이는 음과 양이 꼬리에 꼬리를 물고 어우러지는 태극무늬 같은 사고방식이라고 볼 수 있다. 태극의 상징이 한국을 대표한다는 점에서도 눈치챌 수 있듯 대체로 한국인들, 더 나아가 동양 사람들은 종합적 사고 양식을 지니고 있다. 모순이 있어도 하나만 취하고 다른 하나는 그르다 판정해버리는 것이 아니라 존재하는 모순을 그대로 포용하고 초월하는 방식이다.

한편 황희 아내의 생각은 분석적 사고 양식을 보여준다. 분석적 사고를 하는 사람들은 논리적 사고를 바탕으로 문제에 접근한다. 따라서 모든 생각은 옳거나 틀리거나 둘 중 하나이며, 옳으면서도 틀릴 수는 없다고 생각한다. 그리고 모순을 마주하면 가장 타당한 대안을 취하고, 가장 타당하지 않은 대안은 배제한다. 논리적 추론을 기반으로 생각하고 결론에 이르는 서양철학적 전통과 유사한 측면이 있다. 서양의 개인주의 문화권에서는 많은 사람이 분석적 사고 양식을 지니고 있다. 이 하인이 옳으면 저 하인은 틀린 것이다. 둘 다 틀릴 수는 있을지언정 둘 다 옳을 수는 없다.

이처럼 종합적으로 생각하는 사람과 분석적으로 생각하는 사람은 세상을 받아들이는 방식이 다르다. 종합적 사고 양식을 지닌 사람은 하나가 옳고 반대는 틀리다 말하는 사람을 미성숙하다고 여길 수도 있다. 반대로 분석적 사고 양식을 지닌 사람은 반대되는 생각이 모두 옳다는 판단은 논리적이지 못하다고 여길 수 있다. 세상을 보는 방식이 다르기 때문이다.

그런데 종합적·분석적 사고 양식에는 모순을 대하는 태도뿐 아니라 또 다른 흥미로운 차이들이 있다. 종합적 사고 양식은 이름에 걸맞게 어떤 사람이나 사물, 사건에 대해 생각하고 판단할 때 맥락을 종합적으로 고려하여 주위 사람이나 사물들, 상황들의 관계에 주의하며 총체적으로 판단한다. 어떤 것도 맥락과 분리된 채 단독으로 존재할 수 없고 전체와의 관계 속에서만 의미를 갖는다고 생각하기 때문이다. 반면 분석적 사고 양식은 이 세상이 각각의 독립적 객체로 이루어져 있다고 보기 때문에, 맥락과의 관계보다는 각각의 대상을 분리하고 그 대상의 특성을 분석하려고 한다.

일본인과 미국인을 비교한 연구를 예로 들어보자. 연구자들은 일본 대학생과 미국 대학생들에게 다섯 명의 아이가 행복하거나 슬프거나 화난 표정을 짓고 있는 그림 여러 장을 보여주었다. 참가자들에게는 '아이들을 위한 교육용 텔레비전 프로그램 개발을 위해 만화가 얼마나 사실적인지를 평가하는 실험'이라고 가짜 정보를 알려주어서 실험의 진짜 목적을 짐작하지 못하도록 했다. 그림 중앙에는 한 아이가 크게 그려져 있고, 네 명의 아이가 양옆에 서 있었다. 참가자들은 그림 가운데 아이의 표정을 보고 이 아이가 행복, 슬픔, 분노를 각각 얼마나 강하게 표출하고 있는지 평가했다. 그림 중에는 가운데 아이와 배경의 아이들이 같은 감정을 표현하고 있는 그림(예: 가운데 아이가 슬픈 표정이고 주변 아이들도 모두 슬픈 얼굴인 그림)도 있었고, 서로 다른 표정(예: 가운데 아이가 화나서 씩씩거리는 표정인데 주위의 네 명이 웃고 있는 그림)일 때도 있었다.

실험 결과에 따르면 미국인들은 그림 속 가운데 아이가 느끼는 감정을 평가할 때 주변 아이들의 표정은 고려하거나 반영하지 않았다. 감정은 다른 사람과 상관 없이 각 개인이 내적으로 경험하는 것이라고 생각하여 주변 아이들의 표정은 애초에 고려할 필요가 없다고 믿었기 때문이다. 일본인들의 평가는 달랐다. 이들은 가운데 아이와 주변 아이들의 표정이 다를 땐 주변 아이들의 표정을 반영해서 가운데 아이의 감정을 평가했다. 가운데 아이가 강렬하게 웃고 있더라도 주변 아이들이 화내는 표정이면 가운데 아이가 덜 행복하다고 생각했다. '주위 사람들이 다 화나 있는데 어떻게 진정으로 행복할 수 있겠어. 가운데 아이도 웃고 있긴 하지만 실제로 행복해서 웃는 것은 아닐 거야' 하고 생각한 것이리라.

연구자들은 아이트래커eye-tracker라는 장치를 이용해서 일본인들과 서양인들이 그림의 어느 부분을 얼마 동안 응시하는지도 알아보았다. 그 결과, 일본 사람들은 서양 사람들에 비해 그림을 보는 첫 3초 동안 가운데 아이의 표정을 적게 쳐다보고, 배경에 있는 아이들의 얼굴을 더 오래 쳐다보았다. 종합적 사고 양식을 지닌 동양 사람들이 분석적 사고 양식을 지닌 서양 사람들보다 주위 맥락을 더 많이 고려한다는 것은 단지 생각만 그런 것을 넘어서서 실제로도 주위를 더 많이 바라본다는 의미이기도 하다.

인과관계에 대한 생각

종합적으로 생각하는 사람들이 환경과 맥락에 주의를 더 많이 기울이고 더 많이 바라보고 더 많이 생각하다 보면 어떤 사건에 대한 인과관계를 판단할 때도 맥락을 더 많이 고려할 수밖에 없다. 모든 사물과 사람이 연결되어 있으므로, 어떤 사건이 발생했을 때 그 이면에는 광범위한 환경과 사람과 사물의 복잡한 상호작용이 원인으로 작용했을 수 있다고 믿는다. 즉, 무슨 일이든 눈에 보이는 단순하고 직접적인 인과관계의 영향만 받는 것이 아니라, 간접적으로 많은 것이 얽히고설킨 결과로 일어난다고 생각한다. 그렇기에 카오스 이론에서 말하는 나비효과, 즉 브라질에서 나비 한 마리가 날개를 팔락이면 일련의 과정을 불러일으키며 결과적으로 미국에 토네이도를 일으킬 수도 있다는 비유는 종합적 사고 양식을 지닌 사람들에게는 전혀 놀라울 것 없이 당연하다.

    한편 분석적 사고 양식을 지닌 사람들, 주로 서양 사람들은 사람은 독립적이며 사건은 개인의 선택과 행위에 의해 발생한다고 믿는다. 그렇기에 어떤 사건이 발생하면 그 사건 속 인물들 개개인의 특성과 동기를 파악함으로써 원인을 알아보려 한다. 예를 들어 총기 난사 범죄가 발생했을 때 미국인들은 범인의 심리적 불안정성과 폭력성 등에 주목하는 반면, 중국인들은 범인과 주위 사람들의 관계가 얼마나 좋지 않았고, 그가 이 관계 때문에 스트레스를 받고 있었는지 등에 주목한다. 즉, 중국인들이 미국인들보다 더 많은 맥락적 정보들을 고려한다.

    이와 같이 동서양에서 인과관계를 추론하는 기준과 범위가 달라서 발생한 슬픈 일화가 있다. 1987년, 미국에 이민 간 한국인 A 씨는 가정불화 끝에 홀로 아이를 키우며 생계를 이어가기 위해 매일 바쁘게 일했다. 그런데 자신이 일하러 간 사이에 집에 홀로 있던 어린 아들이 서랍장 위에 있는 텔레비전을 켜기 위해 올라가다가 서랍장이 넘어지며 깔려 사망하는 사고가 발생했다. 슬픔에 잠긴 A 씨는 가슴을 치며 '아이는 나 때문에 죽었다. 내가 죽였다'라고 말했다고 한다. 한국인들은 이 말을 살인에 대한 자백으로 받아들이지 않는다. 결과적으로 엄마로서 자녀에게 좋은 환경을 제공해주지 못해 일어난 사고이므로 결국 자기 잘못이라고 한탄하는 절규로 받아들일 것이다. 그러나 미국 경찰은 달라서 A 씨의 살인 자백으로 받아들였다. 그녀는 살인 혐의로 20년형을 선고받았다. 수년간 복역한 이후 사면받아 결국 석방되긴 했으나, 자식을 잃고 살해 누명까지 쓴 A 씨에게는 참 힘든 시간이었을 것이다.

　이런 오해가 발생한 데는 분석적 사고와 종합적 사고의 문화 차가 작용했다. 종합적으로 생각하는 한국 문화에서는 불행한 사고의 원인을 자기가 직접 제공하지 않았다 해도 무척 넓은 맥락을 고려하여 그중 하나에라도 자신이 관여되어 있다면 자기 탓도 있다고 생각한다. 그러나 분석적 사고는 다르다. 실제로 그 사고가 발생하게 된 직접적 원인이 아니라면 인과관계로 받아들이지 않는다. 그랬기에 '내가 죽였다, 내 잘못이다'라는 A 씨의 말을 들은 미국인들은 A 씨가 직접적으로 아이를 죽게 만든 사람, 즉 아이의 살인범이라고 판단했다.

미래 예측

두 가지 사고 양식의 두드러지는 차이점은 미래를 예측하는 방식에서도 나타난다. 종합주의적인 사람은 맥락과 환경이 끊임없이 서로 영향을 미친다고 생각하기에, 이 세상은 계속 변화한다고 믿는다. 그것도 둥글게. 그래서 현재를 바탕으로 미래를 직선적으로 예측하는 것이 불가능하다고 생각한다. 새옹지마(塞翁之馬)의 교훈이 이러한 종합적 사고 양식과 들어맞는다. 변방 노인의 말이라는 뜻의 새옹지마는 한국인이 가장 좋아하는 사자성어 중 하나일 것이다. 기쁜 일이 슬픔으로 바뀌기도 하고, 아쉬운 일이 행복으로 바뀌기도 하고, 예측할 수 없는 일이 펼쳐질 때마다 우리가 하는 말은 "인생사 새옹지마야"다.

그렇기에 종합적 사고가 두드러지는 한국인은 지금 행복한 사람이 앞으로 계속 그럴 것이라고 생각하기보다는 행복이 언제 불행으로 바뀔지 모른다고 생각하고 자중하고 조심하려 한다. 그러면 행복을 마주했을 때 충분히 누리고 즐기지 못한다는 단점이 있다. 하지만 반대로 어려움이 닥쳤을 때 극복하고 행복해질 것이라는 용기를 얻기도 한다. 반면 분석적 사고 양식은 변화를 직선적으로 생각해서 현재를 바탕으로 미래를 예측할 수 있다고 믿는다. 이런 일관성에 대한 믿음 때문에 지금 정직한 사람은 앞으로도 정직할 것이라 생각하고, 지금 성공적인 사람은 미래에도 쭉 성공적일 것이라 믿는다.

이렇게 세상을 바라보는 관점의 차이로 인해 생각과 판단의 차이를 만드는 종합적·분석적 사고 양식을 알면 삶의 곳곳에서 재미있는 현상들이 눈에 띈다. 종합적·분석적 사고 양식에 대한 인식을, 나와 다른 사람이 왜 저렇게 생각하고 행동하는지를 이해할 수 있는 또 다른 안경이 생긴 것이라고 생각한다. 즉, 핵심은 사람들이 서로 다르다는 것. 나와 다른 사람을 보았을 때 '저 사람은 왜 저렇게 생각하지? 이해가 안 돼'라고 생각하기보다는 '저 사람은 이렇게 저렇게 나와 다르구나' 하고 이해하며 포용할 수 있는 틀이다. 그만큼 내 그릇이 더 넓어지는 기회가 된다.

만약 내가 황희의 일화 속으로 들어간다면 이렇게 말하고 싶다. 황희도 옳고 그의 아내도 옳다. 나도 어쩔 수 없는 한국인인가 보다.

에필로그

현재의 삶이라는 여정에서
살아 숨 쉬는 지식이 되기를

상당한 여정이었다. 이 책을 쓰기로 결정한 순간부터 마무리하며 에필로그를 쓰는 지금 이 순간까지 약 1년이 흘렀다. 겨울에서 봄을 지나 여름과 가을이 흘러 어느덧 다시 겨울이 왔다. 육아와 연구를 병행하며 원고를 한 장 한 장 써 내려가는 것이 쉽지만은 않았다. 시간과 체력을 쪼개면서 일과 가정일을 저글링하기란 참 쉽지 않다. 하지만 글이 막힐 때마다, 심신이 지칠 때마다, 또는 글을 쓸 만한 상황을 만들기 어려울 때마다 내가 쓴 글의 내용이 오히려 나를 격려해주었다. 특히 성장형 마인드셋과 이행 의도 갖기, 효율적인 자기 조절 에너지 사용 같은 내용을 되새기며 글을 써 내려갔고, 그 과정에서 나 자신이 성장하는 것을 느꼈다.

    글을 쓰며, 심리학 분야에는 잘 알려져 있으나 대중에게는 아직 생소할 수 있는 주요 심리학 개념과 이론들을 되돌아봤다. 사람 마음은 생각보다 덜 논리적이고 무의식적 충동이나 사소한 몸짓 혹은 표정과 외적 영향을 받을 때가 많다는 것을 되돌아봤다. 우리가 자신을 긍정적으로 바라보기 위해 얼마나 의식·무의식적으로 부단히 노력하는지도 되새겼다. 또한 실시간으로 나에게 적용할 수 있었던, 성공을 향해 정진하는 데 도움이 될 만한 자기 조절과 마인드셋

이론도 있다. 마지막으로, 우리 한국인의 심리까지. 우리나라 사람들이 문화의 영향으로 어떻게 생각하고 행동하는지 알아보는 것은 항상 재미있고 흥미롭다.

이처럼 기본적인 개념들을 되돌아보면서 심리학을 공부하길 참 잘했다, 심리학자가 되길 잘했다고 생각했다. '역시 심리학은 너무 재미있는 학문이다'라고 생각하며 초심으로 돌아갈 수 있었다.

사실 하고 싶은 이야기를 다 하기엔 지면도 시간도 부족했다. 아직도 남아 있는 재미있는 주제가 너무나도 많지만 그중에서 독자들이 가장 공감하고 유용하게 여길 만한 현상과 개념은 무엇일까 고민하며 선택했다. 이것이 최선의 선택일까 생각하며 챕터를 넣었다 뺐다 한 덕분에 목차는 수십 번 바뀌었다. 이제 주사위는 던져졌다. 글을 마무리하는 이 순간, 내가 내린 결정은 이제 더 이상 바꿀 수 없는 최종 선택이다. 그렇기에 내 마음속에서 일어나는 결정 후 부조화를 없애는 과정에서 점점 내가 좋은 주제들을 잘 선정했다는 생각이 든다. 자신감을 갖기 위해 고개를 끄덕여본다.

이 책을 시작할 때 내 스승님의 덕담을 빌려, 심리학을 공부하면 훌륭한 사람이 된다는 이야기를 했다. 나 자신은 이 책을 쓰며 훌륭한 사람 척도에서 1점 상승했다는 생각이 든다. 만점은 무한대이다. 살아 있는 동안 훌륭한 사람이 되기 위해 계속 성장할 일이 남았다. 부디 독자에게도 훌륭한 사람 점수를 높이는 데 도움이 되는 책이 되었기를 바랄 따름이다.

나는 매 학기가 끝날 때 전공 수업을 마무리하면서 심리학과

학생들에게 다음과 같은 이야기를 꼭 한다. '여러분이 10년쯤 뒤, 아니 10년도 길다. 3년쯤 후 이번 학기에 이 과목에서 배운 심리학 이론과 개념들 중 단 하나라도 뚜렷하게 기억할 수 있다면 나는 성공적으로 이번 학기 수업을 운영했다고 생각한다'라는 말이다. 그만큼 처음 배울 때 신기하고 흥미로웠던 내용들은 시간이 흐르면서 망각되기 때문이다. 그러나 세월이 흘러도 수업 시간에 배운 심리학 이론 한 가지를 확실히 이해하며 살아갈 수 있다면, 그리고 적재적소에 적용할 수 있다면 한 학기가 헛되이 흘러가지 않았다고 할 수 있을 것이다. 죽은 지식이 아니라 살아 숨 쉬는 지식을 만들어냈기 때문이다. 그리고 그 살아 있는 지식을 만드는 것은 이제 학생들의 몫이다.

같은 이야기를 독자에게도 하고 싶다. 심리학 교양 서적 한 권을 읽는 것이 삶을 극적으로 바꾸지는 않는다. 물론 단 한 권의 위대한 책이 삶을 완전히 바꾸는 계기가 될 수도 있지만, 나는 내공이 부족하다. 읽을 때 재미있었던 내용도 시간이 흐르며 잊히고, 심지어 이 책을 덮는 순간 기억에서 사라지는 내용도 있을지 모른다. 하지만 그중 정말 마음에 새기고 싶은 단 하나의 심리학 이론이라도 적용하며 살아간다면, 그래서 몇 년이 흐른 뒤 마음속에, 삶 속에 자리 잡고 있다면 이 책의 지은이로서 크나큰 영광일 것이다. 그리고 그 살아 있는 지식을 만드는 것은 이제 독자의 몫이다.

마지막으로, 이 글을 읽기 위해 소중한 시간과 자기 조절 에너지를 투자했을 독자에게 감사한다. 즐거움을 얻고, 지친 일상에서 휴식을 취할 수 있었기를 바란다. 책을 읽으며 사용한 자기 조절 에너지가 다시 이 책을 읽으며 얻은 즐거움과 휴식으로 인해 채워지기를 바란다.

딸이 집에서 엄마를 기다리고 있다. 이제 다시 육아를 하러 돌아가야 한다. 이 한 권의 책을 쓰는 여정은 지금 마무리하지만, 내 일상의 여정은 여전히 계속되고 있다. 책에 담은 내용들을 살아 숨 쉬는 일상에서 체험하러 돌아간다. 독자 여러분도 매일매일 살아가는 삶 속에서, 진짜 살아 있는 인간의 심리가 꿈틀거리는 삶의 현장에서 이 책을 책장 속의 잠에 빠뜨리지 않고 주요 내용을 적용할 수 있기를 바란다.

그리고 바라건대 심리학에 대한 관심의 끈을 놓지 않기를 바란다. 심리학의 세계는 끝없이 넓은 우주 같다. 인간의 한 길 마음속이 우주인 것처럼. 그 우주를 끊임없이 탐험하며 발견의 기쁨을 누리는 독자가 되길 바란다.

참고문헌

권가영, 임낭연. "MBTI 성격 유형론에 대한 태도와 주관적 안녕감 간의 관계: 성격 5요인과 자기개념 명확성의 조절효과". 〈행복한 부자연구〉.

이화령(2009). "경험과 특성이 유사한 타인에 대한 호감의 상대성". 연세대학교 석사학위논문.

Bargh, J. A., & Shalev, I. (2012). The substitutability of physical and social warmth in daily life. *Emotion, 12(1)*, 154-162.

Bargh, J. A., Chen, M., & Burrows, L. (1996). Automaticity of social behavior: Direct effects of trait construct and stereotype activation on action. Journal of *Personality and Social Psychology, 71(2)*, 230-244.

Baron-Cohen, S., Wheelwright, S., Hill, J., Raste, Y., & Plumb, I. (2001). The "Reading the Mind in the Eyes" Test revised version: a study with normal adults, and adults with Asperger syndrome or high-functioning autism. *Journal of Child Psychology and Psychiatry and Allied Disciplines, 42(2)*, 241-251.

Baumeister, R. F., Bratslavsky, E., Muraven, M., & Tice, D. M. (1998). Ego depletion: Is the active self a limited resource? *Journal of Personality and Social Psychology, 74*, 1252–1265.

Bègue, L., & Bastounis, M. (2003). Two spheres of belief in justice: Extensive support for the bidimensional model of belief in a just world. *Journal of Personality, 71(3)*, 435-463.

Brehm, J. W. (1956). Postdecision changes in the desirability of alternatives. *Journal of Abnormal and Social Psychology, 52*, 384–389. http://dx.doi.org/10.1037/h0041006.

Brewer, M.B. (1991). The social self: On being the same and different at the same time. *Personality and Social Psychology Bulletin, 17*, 475-482.

Briñol, P., & Petty, R. E. (2003). Overt head movements and persuasion: A self-validation analysis. *Journal of Personality and Social Psychology, 84(6)*, 1123–1139.

Briñol, P., & Petty, R. E. (2008). Embodied persuasion: Fundamental processes by which bodily responses can impact attitudes. In G. R. Semin & E. R. Smith (Eds.), *Embodiment grounding: Social, cognitive, affective, and neuroscientific approaches*. Cambridge, England: Cambridge University Press.

Brown, J. D. (2012). Understanding the better than average effect: Motives (still) matter. *Personality and Social Psychology Bulletin, 38(2)*, 209-219.

Carney, D. R., Cuddy, A. J. C., Yap, A. J. (2010). Power posing: Brief nonverbal displays affect neuroendocrine levels and risk tolerance. *Psychological Science, 21(10)*, 1363–1368.

Casper, K. (2013). A weighty matter: Heaviness influences the evaluation of disease severity, drug effectiveness, and side effect. *PLOS ONE, 8(11)*, e78307.

Cognitive Dissonance: Reexamining a Pivotal Theory in Psychology. (2019). United States: American Psychological Association.

Cross, P. (1977). Not can but will college teachers be improved? *New Directions for Higher Education,*

17, 1–15.

DeWall, C. N., Chester, D. S., & White, D. S. (2015). Can acetaminophen reduce the pain of decision-making? *Journal of Experimental Social Psychology, 56*, 117–120.

DeWall, C. N., MacDonald, G., Webster, G. D., Masten, C. L., Baumeister, R. F., Powell, C., & Eisenberger, N. I. (2010). Acetaminophen reduces social pain: Behavioral and neural evidence. *Psychological science, 21*(7), 931-937.

Dimopolulos, A. (2020). Applicant's Self Confidence Influence in Employment Interview Process According to Recruiters Perceptions. An Exploratory Study in Greece. *International Journal of Human Resource Studies, 10*(2), 82-101.

Donat, M., Wolgast, A., & Dalbert, C. (2018). Belief in a just world as a resource of victimized students. *Social Justice Research, 31*, 133-151.

Dweck, C. S. (2010). Even geniuses work hard. *Educational leadership, 68*(1), 16-20.

Dweck, C. S., & Yeager, D. S. (2019). Mindsets: A view from two eras. *Perspectives on Psychological science, 14*(3), 481-496.

Egan, L. C., Santos, L. R., & Bloom, P. (2007). The origins of cognitive dissonance: Evidence from children and monkeys. *Psychological Science, 18*(11), 978-983.

Eisenberger, N.I., Lieberman, M.D., & Williams, K.D. (2003). Does rejection hurt? An fMRI study of social exclusion. *Science, 302*, 290–292.

Epley, N., & Whitchurch, E. (2008). Mirror, mirror on the wall: Enhancement in self-recognition. *Personality and Social Psychology Bulletin, 34*(9), 1159-1170.

Festinger, L. (1957). *A theory of cognitive dissonance*. Evanston, IL: Row, Peterson.

Festinger, L., Riecken, H. W., & Schachter, S. (1956). *When prophecy fails*. Minneapolis, MN: University of Minnesota Press. http://dx.doi.org/10.1037/10030-000.

Forer, B. R. (1949). The fallacy of personal validation: a classroom demonstration of gullibility. *Journal of Abnormal and Social Psychology, 44*(1), 118-123.

Gilbert, D. T., & Ebert, J. E. J. (2002). Decisions and revisions: The affective forecasting of changeable outcomes. *Journal of Personality and Social Psychology, 82*(4), 503-514.

Gilovich, T., Kruger, J., & Medvec, V. H. (2002). The spotlight effect revisited: Overestimating the manifest variability of our actions and appearance. *Journal of Experimental Social Psychology, 38*, 93-99.

Gilovich, T., Medvec, V. H., & Savitsky, K. (2000). The spotlight effect in social judgment: An egocentric bias in estimates of the salience of one's own actions and appearance. *Journal of Personality and Social Psychology, 78*(2), 211-222.

Gilovich, T., Savitsky, K., & Medvec, V. H. (1998). The illusion of trasparency: Biased assessments of others' ability to read one's emotional states. *Journal of Personality and Social Psychology, 75*(2), 332-346.

Gollwitzer, P. M., & Brandstätter, V. (1997). Implementation intentions and effective goal pursuit. *Journal of personality and social psychology, 73*(1), 186-199.

Gollwitzer, P. M., & Sheeran, P. (2006). Implementation intentions and goal achievement: A meta-analysis of effects and processes. *Advances in Experimental Social Psychology, 38*, 69-119.

Gopalakrishnan, M., Libby, T., Samuels, J. A., & Swenson, D. (2015). The effect of cost goal specificity and new product development process on cost reduction performance. *Accounting, Organizations and Society, 42*, 1-11.

Griffin, D., & Bartholomew, K. (1994). Models of the self and others: Fundamental dimensions underlying measures of adult attachment. *Journal of Personality and Social Psychology, 67*(3), 430-445.

Harris, J. L., Bargh, J. A., & Brownell, K. D. (2009). Priming effects of television food advertising on eating behavior. *Health Psychology, 28*(4), 404-413.

Hillin, T. (2014). Twenty-three husbands describe the moment they knew they found 'the one'. Retrieved from https://www.huffpost.com/entry/inspiring-marriage-stories_n_5754710.

Jostmann, N. B., Lakens, D., & Schubert, T. W. (2009). Weight as an embodiement of importance, *Psychological Science, 20*(9). 1169-1174.

Kahneman, D., Knetsch, J. L., & Thaler, R. H. (1990) Experimental tests of the endowment effect and the Coase theorem. Journal of Political Economy. 98(6), 1325–1348.

Klein, H. J., Whitener, E. M., & Ilgen, D. R. (1990). The role of goal specificity in the goal-setting process. Motivation and Emotion, 14, 179-193.

Knetsch, J. L. (1989). The endowment effect and evidence of nonreversible indifference curves. American Economic Review, 79(5), 1277-1284.

Krueger, J. & Clement, R. W. (1994). The truly false consensus effect: An ineradicable and egocentric bias in Social perception. *Journal of Personality and Social Psychology, 67*(4), 596-610.

Lenton, A. P., Fasolo, B., & Todd, P. M. (2008). "Shopping" for a mate: Expected versus experienced preferences in online mate choice. *IEEE Transactions on Professional Communication*, 51(2), 169-182.

Locke, E. A., & Latham, G. P. (1990). A theory of goal setting and task performance. Englewood Cliffs, N.J. : Prentice Hall.

Lowenstein, G. (1996). Out of control: Visceral influences on behavior. *Organizational Behavior and Human Decision Processes*, 65(3), 272-292.

Lux, A. A., Grover, S. L., & Teo, S. T. T. (2021). Development and validation of the holistic cognition scale. *Frontiers in Psychology*, 12, 551623.

MacDonald, G., & Leary, M. R. (2005). Why does social exclusion hurt? The relationship between social and physical pain. *Psychological Bulletin*, 131, 202-223.

Maranges, H. M., & Baumeister, R. F. (2016). Self-control and ego depletion. *Handbook of self-regulation: Research, theory, and applications, 3*, 42-61.

Masuda, T., Ellsworth, P. C., Mesquita, B., Leu, J., Tanida, S., & de Veerdonk, E. V. (2008). Placing the face in context: Cultural differences in the perception of facial emotion. *Journal of Personality and Social Psychology, 94*(3), 365-381.

Morris, M. W., & Peng, K. (1994). Culture and cause: American and Chinese attributions for social and physical events. *Journal of Personality and Social Psychology, 67*(6), 949-971.

Morris, M. W., & Peng, K. (1994). Culture and cause: American and Chinese attributions for social and physical events. *Journal of Personality and Social Psychology, 67*(6), 949-971.

Muraven, M., & Baumeister, R. F. (2000). Self-regulation and depletion of limited resources: Does self-control resemble a muscle? *Psychological Bulletin, 126*(2), 247–259.

Neal, D. T., & Chartrand, T. L. (2011). Embodied emotion perception: Amplifying and dampening facial feedback modulates emotion perception accuracy. *Social Psychological and Personality Science, 2*(6), 673-687.

Nesselroade, Jr. K. P., Beggan, J. K., & Allison, S. T. (1999). Possession enhancement in an interpersonal context: An extension of the mere ownership effect. *Psychology and Marketing, 16*(1), 21-34.

Nordgren, L. F., van Harreveld, F., & van der Pligt, J. (2009). The restraint bias: How the illusion of self-restraint promotes impulsive behavior. *Psychological Science, 20*(12), 1523-1528.

Pinel, E. C., Long, A. E., Landau, M. J., Alexander, K., & Pyszczynski, T. (2006). Seeing I to I: A Pathway to Interpersonal Connectedness. *Journal of Personality and Social Psychology, 90*(2), 243-257.

Price, D. D., Finniss, D. G., & Benedetti, F. (2008). A comprehensive review of the placebo effect: Recent advances and current thought. *Annual Review of Psychology, 59*, 565–590.

Pronin, E., Lin, D. Y., & Ross, L. (2015). The bias blind spot: Perceptions of bias in self versus others. *Personality and Social Psychology Bulletin, 28*(3), 369-381.

Pronk, T. M., & Denissen, J. J. A. (2020). A rejection mind-set: Choice overload in online dating. *Social Psychological and Personality Science, 11*(3), 388-396.

Rizzolatti, G., & Craighero, L. (2004). The mirror-neuron system. *Annual Review of Neuroscience, 27*, 169–192.

Ross, L. (1977). The intuitive psychologist and his shortcomings. *Advances in Experimental Social Psychology, 10*, 173–220.

Savitsky, K., & Gilovich, T. (2003). The illusion of transparency and the alleviation of speech anxiety. *Journal of Experimental Social Psychology, 39*, 618-625.

Sedikides, C., Gaertner, L., & Toguchi, Y. (2003). Pancultural self-enhancement. *Journal of Personality and Social Psychology, 84*(1), 60-79.

Strack, F., & Mussweiler, T. (1997). Explaining the enigmatic anchoring effect: Mechanisms of selective accessibility. *Journal of Personality and Social Psychology, 73*(3), 437-446.

Suh, E. M. (2002). Culture, identity consistency, and subjective well-being. *Journal of Personality and Social Psychology, 83*(6), 1378-1391.

Tice, D. M., Baumeister, R. F., Shmueli, D., & Muraven, M. (2007). Restoring the self: Positive affect helps improve self-regulation following ego depletion. *Journal of experimental social psychology, 43*(3), 379-384.

Tice, D. M., Baumeister, R. F., Shmueli, D., & Muraven, M. (2007). Restoring the self: Positive affect helps improve self-regulation following ego depletion. *Journal of Experimental Social Psychology, 43*, 379-384.

Tom, G., Pettersen, P., Lau, T., Burton, T., & Cook, J. (1991). The role of overt head movement in the formation of affect. *Basic and applied social psychology, 12*(3), 281-289.

Van Veen, V., Krug, M. K., Schooler, J. W., & Carter, C. S. (2009). Neural activity predicts attitude change in cognitive dissonance. *Nature neuroscience, 12*(11), 1469-1474.

Wilson, T. D., & Gilbert, D. T. (2003). Affective forecasting. *Advances in Experimental Social Psychology, 35*, 345-411.

Zhong, C.-B., & Leonardelli, G. J. (2008). Cold and lonely: Does social exclusion literally feel cold? *Psychological Science, 19*(9), 838-842.

https://embrace-autism.com/reading-the-mind-in-the-eyes-test/#Reading_the_Mind_in_the_Eyes_Test.

https://www.edge.org/response-detail/11984.

사람의 마음은 어떻게 움직이는가
심리학 수업

초판 1쇄 인쇄 | 2024년 3월 4일
초판 1쇄 발행 | 2024년 3월 14일

지은이 임낭연
발행인 박효상
편집장 김현
기획·편집 장경희, 이한경
디자인 임정현

편집·진행 김효정
교정·교열 강진홍
표지·본문 디자인 정정은
마케팅 이태호, 이전희
관리 김태욱

종이 월드페이퍼 | **인쇄·제본** 예림인쇄·바인딩 | **출판등록** 제10-1835호
펴낸 곳 사람in | **주소** 04034 서울특별시 마포구 양화로 11길 14-10(서교동) 3F
전화 02)338-3555(代) | **팩스** 02)338-3545 | **E-mail** saramin@netsgo.com
Website www.saramin.com

• 책값은 뒤표지에 있습니다. 파본은 바꾸어 드립니다.

ⓒ 임낭연 2024

ISBN 979-11-7101-066-0 03180

우아한 지적만보, 기민한 실사구시 사람in